新时代重庆高职院校专业课教师能力体系发展研究

张立明 龙艳妮 著

重庆大学出版社

图书在版编目（CIP）数据

新时代重庆高职院校专业课教师能力体系发展研究 /
张立明，龙艳妮著. -- 重庆：重庆大学出版社，2024.3
ISBN 978-7-5689-4394-9

Ⅰ. ①新… Ⅱ. ①张… ②龙… Ⅲ. ①高等职业教育
—师资培养—研究 Ⅳ. ①G715

中国国家版本馆 CIP 数据核字（2024）第 065833 号

新时代重庆高职院校专业课教师能力体系发展研究

张立明　龙艳妮　著

特约编辑：郑　昱

责任编辑：苟荟羽　　版式设计：苟荟羽

责任校对：王　倩　　责任印制：张　策

*

重庆大学出版社出版发行

出版人：陈晓阳

社址：重庆市沙坪坝区大学城西路 21 号

邮编：401331

电话：(023)88617190　88617185(中小学)

传真：(023)88617186　88617166

网址：http://www.cqup.com.cn

邮箱：fxk@cqup.com.cn（营销中心）

全国新华书店经销

POD：重庆新生代彩印技术有限公司

*

开本：720mm×1020mm　1/16　印张：10.25　字数：158 千

2024 年 3 月第 1 版　　2024 年 3 月第 1 次印刷

ISBN 978-7-5689-4394-9　定价：59.00 元

前　言

　　百年大计,教育为本;教育大计,教师为本。教师承担着传播知识、传播思想、传播真理的历史使命,肩负着塑造灵魂、塑造生命、塑造人的时代重任,是教育发展的第一资源,是国家富强、民族振兴、人民幸福的重要基石。职业教育与普通教育是两种不同的教育类型,具有同等重要地位。2018 年,《中共中央、国务院关于全面深化新时代教师队伍建设改革的意见》(中发〔2018〕4 号)中指出,全面提高职业院校教师质量,建设一支高素质双师型的教师队伍。继续实施职业院校教师素质提高计划,引领带动各地建立一支技艺精湛、专兼结合的双师型教师队伍。着力提高教师专业能力,推进高等教育内涵式发展。2019 年,《国务院关于印发国家职业教育改革实施方案的通知》(国发〔2019〕4 号)中提出,深化办学体制改革和育人机制改革,以促进就业和适应产业发展需求为导向,鼓励和支持社会各界特别是企业积极支持职业教育,着力培养高素质劳动者和技术技能人才。然而,面对新方位、新征程、新使命,目前的教师队伍建设还不能完全适应。教师素质能力难以完全适应新时代人才培养需要,思想政治素质和师德水平需要提升,专业化水平需要提高。因此,新时代提升教师能力水平是亟须解决的问题。本研究旨在通过对高职院校专业课教师能力发展的内涵、结构、现状、基本问题的探究,形成适合我国高职院校专业课教师能力发展的策略,为我国高职院校专业课教师队伍的成长提供理论上的现实依据。

　　本研究在参考大量有关教师专业发展的研究基础上,通过文献法、案例研究法、调查法等方法,了解高职院校专业课教师专业发展的现状,对影响高职院校专业课教师专业发展的基本问题进行探讨,力求形成基于高职教育属性和高职院校专业课教师特征的教师能力发展策略。

本研究主要由七章组成,分别是第一章高职院校专业课教师能力体系概述、第二章高职院校专业课教师政治道德能力发展研究、第三章高职院校专业课教师教育教学能力发展研究、第四章高职院校专业课教师科研教改能力发展研究、第五章高职院校专业课教师创新创业能力发展研究、第六章高职院校专业课教师社会服务能力发展研究、第七章高职院校专业课教师信息技术能力发展研究。本研究界定了高职院校专业课教师的能力内涵,确立高职院校专业课教师能力体系及其主要维度、衡量指标,发现高职院校专业课教师能力体系同其影响因素之间的本质联系,确立高职院校专业课教师能力体系发展的路径。

本研究系重庆市教育委员会人文社会科学研究项目《新时代重庆高职专业课教师能力体系发展研究》(项目编号:19SKGH288)阶段性研究成果。

作　者

2023 年 10 月

目　录

第一章 高职院校专业课教师能力体系概述

高职院校专业课教师能力体系主要包括高职院校和专业课教师能力这两个主体。因此,首先需要深入梳理高职院校的性质、内涵及其属性,只有充分把握高职院校的性质、内涵及其内在属性,才能进一步了解高职院校专业课教师的能力,进而搭建高职院校专业课教师能力体系;其次,全面剖析专业课教师应具备的具体能力,才能对高职院校专业课教师能力的内涵进行界定;最后,需分析高职专业课教师能力的特征,抓出其关键特点,才能找到发展突破点,最终完善高职院校专业课教师能力体系构建,以取得高职院校教育实效。

第一节 高职院校的性质内涵属性

20世纪80年代初期,地方举办了短期性职业大学,这些职业大学主要为本地区培养高级应用型专业技术人员,在专业设置上侧重于指导性、地方性、职业性,在课程结构、教学方法方面采用的是学科性模式。由于高等教育处于精英教育阶段,学科性模式并未引起人们高度重视,因此高等职业教育虽然进入了公众视野,但并未引起人们的高度重视[1]。高等职业教育相对于普通高等教育来讲起步虽晚,但发展速度快,目前其规模在我国高等教育中已占据半壁江山。

1993 年,中共中央、国务院制定并印发了《中国教育改革和发展纲要》(以下简称《纲要》)。《纲要》明确指出"职业教育是现代教育的重要组成部分,是工业化和生产社会化、现代化的重要支柱"。《纲要》的实施意见中提出"有计划地实行小学后、初中后、高中后三级分流,大力发展职业教育,逐步形成初等、中等、高等职业教育和普通教育共同发展、相互衔接、比例合理的教育系列""积极发展多样化的高中后职业教育和培训。通过改革现有高等专科学校、职业大学和成人高校以及举办灵活多样的高等职业班等途径,积极发展高等职业教育"。职业教育基本目标包含职业性和教育性,一方面受教育者需要通过职业教育获得相关行业的从业资格;另一方面,受教育者可以通过职业教育实现自身能力的全面发展。因此,对受教育者来说,这是指向社会组织需要的适应性"有业",也是指向个性发展需要的主体性"乐业",更是设计性"创业"[2]。

1996 年,全国职教工作会议召开。职教会议提出,通过三级分流大力发展职业教育,通过"三改一补"(高等专科学校、职业大学、成人高职院校改革,中等专业学校办高职班作为补充)大力发展高等职业教育[3]。同年,第八届全国人民代表大会常务委员会第十九次会议通过并颁布了《中华人民共和国职业教育法》(以下简称《职业教育法》),职业教育走向了依法治教的道路。《职业教育法》第十三条指出,"职业学校教育分为初等、中等、高等职业学校教育。初等、中等职业学校教育分别由初等、中等职业学校实施;高等职业学校教育根据需要和条件由高等职业学校实施,或者由普通高等学校实施。其他学校按照教育行政部门的统筹规划,可以实施同层次的职业学校教育"。《职业教育法》的颁布正式确立了高等职业教育的法律地位,为高等职业教育的规范、有序发展提供了坚实的法律保障。然而,我国高等职业教育起步较晚,没有成熟的经验可以借鉴,高职院校依然存在定位不准的问题。

1999 年,教育部对高等职业教育、高等专科教育、成人高等教育实施"三教统筹",再次将高等职业教育提升到一个新的高度,高等职业教育迅速发展,在一定程度上满足了人民群众对高等教育的全面需求,高等职业教育逐渐取得社会认同。此后,教育部组织实施了一系列旨在推进高职教育教学改革的措施。2006 年开始实施"国家示范性高职院校建设计划",全面拉开了高等职业教育改革的大幕。2007 年第二批国家示范性建设院校项目申报要求的"高职院校'十一五'教育事业发展规划",以示范性引导正式启动了高职院校发展规划编制工作,为高职院校实施战略管理以及战略定位创设了良好的政策环境[1]。

　　为进一步贯彻落实好《职业教育法》,办好新时代职业教育,2019 年,国务院印发了《国家职业教育改革实施方案》(以下简称《职教改革实施方案》),《职教改革实施方案》中明确了职业院校的定位,提出职业教育与普通教育是两种不同的教育类型,具有同等重要地位,要坚持以习近平新时代中国特色社会主义思想为指导,把职业教育摆在教育改革创新和经济社会发展中更加突出的位置。《职教改革实施方案》中还明确了未来 10 年职业教育的总体目标和具体目标,对职业院校专业建设、人才培养体系、职业教育标准、办学格局、产教融合、校企合作、人才保障、办学质量评价等方面改革提出了一系列新的要求。《中华人民共和国高等教育法》规定,高等学校应当以培养人才为中心,开展教学、科学研究和社会服务,保证教育教学质量达到国家规定的标准。由此可见,随着高等职业教育的迅速发展,高职院校的职能逐渐由单项向多项发展,要承担起人才培养、科学研究、社会服务和文化传承创新四项基本的职能[4]。

　　根据 2022 年全国教育事业发展统计公报数据显示,全国共有高等学校3 013 所。其中,普通本科学校 1 239 所(含独立学院 164 所),比上年增加 1 所;职业院校(含本科层次、高职(专科)、成人高等学校)1 774 所。高等教育毛入学率 59.6%,比上年提高 1.8%。高职(专科)招生 538.98 万人(不含五年制高职转入专科招生 54.29 万人),同口径比上年增加 31.59 万人,增长 6.23%;在校生1 670.90 万人,比上年增加 80.80 万人,增长 5.08%;毕业生 494.77 万人,比上年增加 96.36 万人,增长 24.19%[5]。高等职业教育"以服务为宗旨,以就业为导向"的思想,培养了大批面向生产、建设、服务和管理第一线需要的高技能人才,为"中国制造"提供了广泛的人力资源。在我国高等教育大众化进程中起到了基础性与决定性的作用,既满足了社会需求,又满足了个性需求,为促进我国现代化的进程,减少城镇失业人口,加快农村剩余劳动力转移,解决民生问题,作出了重要贡献[2]。

第二节　高职院校专业课教师能力的内涵界定

随着《职业教育法》《职教改革实施方案》等系列法律文件的颁布,高职院校的发展受到了越来越多的重视,也意味着对职业教育教师的能力提出了更高的要求。《职教改革实施方案》中明确提出,职业院校"双师型"教师(同时具备理论教学和实践教学能力的教师)占专业课教师总数的一半,应分专业建设一批国家级职业教育教师教学创新团队。具体表现在,要实施职业院校教师素质提高计划,落实教师5年一周期的全员轮训制度,建立健全职业院校自主聘任兼职教师的办法,推动企业工程技术人员、高技能人才和职业院校教师双向流动。这就要求职业院校教师必须具备职业能力、专业知识、教育理念、实践操作以及科学研究等方面的能力。

一、职业能力

职业能力是人们从事其职业的多种能力的综合。职业能力分为一般职业能力、专业能力和综合能力。作为高职院校教师应具备良好的职业素养和职业能力,特别是专业能力。专业能力主要是指从事某一职业的专业能力,专业人才的发展已受到社会广泛重视,作为培养人才的重要场所,高职院校的教育显得尤为重要。教师承担着教书育人的重任,高职院校专业课教师不仅肩负着教书育人的重任,更重要的是要为国家培养技术型人才,他们是学生思想上和行为上的引导者[6],因此,作为高职院校专业课教师需具备过硬的专业能力,才能在实际的教学中帮助学生树立正确的专业理念,帮助学生练就适应市场需求的专业本领。

二、专业知识

专业知识应包括本体性知识、条件性知识、实践性知识和文化知识。本体性知识,指的是教师所具有的特定的学科知识;条件性知识,指教师所具有的教育教学的理论知识;实践性知识,指教师灵活完成教学实践活动所具备的知识;文化知识,指教师满足学生基本知识需求应有的人文科学、社会科学和自然科学等知识。

高职院校专业课教师肩负着为社会培养高质量的技术型人才的重任,专业的学科知识,教育观念的理论知识、教学实践的实操知识、丰富的人文素养知识等都应是专业课教师所需要具备的知识,并且还应保持持续学习钻研的态度。

三、教育理念

教育理念,指关于教育方法的观念,是教育主体在教学实践及教育思维活动中形成的对"教育应然"的理性认识和主观要求[7]。在实际工作中,教师不仅要掌握传统的教育教学理念,还应具备顺应时代发展的新的教学理念,将两者进行深度融合,运用现代职业教育方法,将专业知识传授给学生,形成自身的知识体系、教学方法,提升个人教育教学能力。

四、操作能力

操作能力,指人们操作自己的肢体以完成各项活动的能力,如劳动能力、艺术表演能力、体育运动能力、实验操作能力等。操作能力是在操作技能的基础上发展起来的,又成为顺利掌握操作技能的重要条件。教师应不断积累经验,与学生形成良好的关系,将自己所学的知识应用到实践中,掌握与所教专业相关并且在工作过程中会应用到的实践经验与有关操作技能,从而更有效地为社会培养人才。教师在教学的过程中扮演了多重角色,应具备过硬的教学能力,这是提高教学质量的关键。因此高职院校应对教师严格要求,规范教师的行为及方式。同时教师还须擅长与学生沟通交流,协调好自身工作。此外还应该主动地寻求机会,与企业开展合作,深入企业中去实践,帮助学生找到适合自己的工作岗位。

五、科研能力

科研能力,指在发现问题、分析问题、解决问题过程中所涉及的所有能力。教育教学是高职院校专业课教师必须具备的基本素质之一,而在教育教学实施过程中,社会需求与学校之间,教师与学生主体之间均面临一系列不匹配的问题,为培养符合新时代社会需求的专业人才,这就要求高职院校专业课教师应具备一定的科学研究能力,针对教育教学中遇到的问题进行深入分析并提出解决方案。高职院校专业课教师的科研能力是在实践工作中不断积累的,在发现问题、分析问题、解决问题的循环中不断提升高职院校专业课教师个人的教育教学能力。

全面提升高职院校专业教师的育人能力,是推动我国高等教育发展的迫切需求,是加快一流大学和一流学科建设的有力抓手,是加强新时代高职院校专业课教师队伍建设的必然选择,也是促进青年学生全面、健康发展的坚实保障。作为高职院校专业课教师育人能力的基本构成要素,对学生的价值观塑造是核心,知识传授是根基,能力培养是归宿。

第三节 高职院校专业课教师能力的现状

一、教育理念比较落后

部分高职院校专业课教师的教学理念比较落后,与新时代对人才培养的要求脱节,部分教师认为教育工作就是将专业知识传授给学生,让学生掌握理论知识即可。教学模式单一,教师讲,学生听,忽略了高职院校的办学特色,更忽略了教学成效。高职院校要将立德树人放在首要位置,培养社会主义合格的接班人,这就要求教师要将新时代的教学理念融入日常教育教学中,不仅要传授学生理论知识,更要重视培养学生对知识的应用能力,提升学生的操作实践能力。例如,近年来倡导的翻转课堂,应将学生作为教育教学主体,教师做好指导者的角色,采用任务清单等方式引导学生在课下利用慕课、智慧职教等网络资源掌握理论知识点,课上主要解决问题,并引导学生动手实践,真正提升学生个人能力,适应社会对专业人才的要求。相关统计数据显示,80% 的学生在上课时倾向于多媒体教学,在他们看来,这样的方式更具有吸引力;60% 的学生希望老师采用"互动交流教学方法",这样的方式更加生动活泼。课堂教学方式对学生的影响较大,有更多的图片及视频的导入,会使学生的学习更加积极主动,同时在教学的过程中,教师如果可以带给学生更多直观的学习体验,相应的教学效果便会更佳,更能激发学生的求知欲。

实践中,部分教师仍采用传统教育理念,原因在于部分专业课教师主要来源于高职院校应届毕业生、中职教师、企业工作人员等。高职院校应届毕业生接受的高等教育以理论知识为主,自身没有企业的相关工作经历,缺乏一定的实践经验,对企业内部的操作技能缺乏了解,因此对高职教育本身理解不深不透,导致在实践中无法按照高职教育的特色因材施教。中职教师转任高职院校专业课教师后,他们面对的学生群体发生变化,中职学生年龄较小,毕业后大部分会继续接受教育,因此在教育教学中更加注重理论知识,对实践操作能力要求不高,学生群体的变化在一定程度上导致教师无法适应。企业工作人员的优势在于实践经验,但教育教学理论知识欠缺,因此在教育教学中更加倾向于学徒制,导致学生理论知识不扎实,学习能力较弱。

二、专业知识不足

由于国内高职院校大部分是由高中或者中等职业学校合并而成,建校时间普遍较短,升为高职院校后师资队伍基本不变,文化程度相对较低。相关数据显示,高职院校专业课教师本科及以上学历所占比例约为80%,与高等教育师资力量相差较大,导致高职院校专业课教师专业知识与高等教育相差较大,部分教师停留在中职或者高中的专业知识水平上,没有接受系统的专业训练,进而没有形成个人的知识体系。因此高职院校专业课教师要树立终身学习的理念,不断提升自身的专业能力。一方面,通过参加国培等继续教育培训形式,系统性加强对专业知识的学习;另一方面,通过提升学历对专业知识进行全面系统的重新学习,以满足高职院校对教师学历和专业知识的要求。从高职院校的角度,要完善教师继续教育制度,鼓励教师利用寒暑假时间参加线上线下培训,鼓励教师主动提升学历,并给予一定程度的经费支持,真正让教师具备精深的专业知识,拥有高超的教学本领。

三、操作能力缺乏

部分新进的年轻教师,操作能力较弱,企业实践经验欠缺,有的甚至从未参加过企业实践。近年来,高职院校为提升教师学历层次,偏向于直接从高等院校招聘应届毕业生,这部分教师专业知识强,教育教学水平较高,但严重缺乏企业经验,教师在授课时容易照本宣科,将自己所学的理论知识传授给学生,这不符合高职院校专业课教师的要求。《国家职业教育改革实施方案》中明确提出,职业院校实践性教学课时原则上占总课时的一半以上,顶岗实习时间一般为6个月。"双师型"教师(同时具备理论教学和实践教学能力的教师)占专业课教师总数的一半以上。因此,高职院校专业课教师要加强实践操作能力,每年到企业参加顶岗锻炼,并调查社会对专业人才的要求。同时,在顶岗锻炼期间,高职院校专业课教师要亲自动手进行操作,将专业知识转化为实际生产力,在实践中提升自身操作能力,结合实践调整课程标准、人才培养方案,培养适应社会需求的专业型人才。

四、教育教学经验不足

青年教师刚刚进入教学岗位,缺乏实践教学经验,教学模式主要以传统模式为主,侧重传授学生理论知识,与人才培养的要求还存在一定差距。因此,要加强对年轻老师的职业引导,使其尽快适应教学岗位。一方面,学校可通过"老带新"模式加强对青年教师教学能力的培养,针对新进教师,每人选定一名教学经验丰富的"老教师","老教师"将自己在教学中的经验传授给新教师,通过修改教案、现场听课等方式对青年教师提出一系列切实可行的建议,帮助青年教师快速成长。青年教师在"老带新"的过程中,充分运用"老教师"的教学经验,结合自身专业知识,形成自身的教育教学体系。另一方面,加强教师能力"赛马比拼",通过比赛促进青年教师教学能力的提升。同时,对年龄较大的教师而言,虽然其拥有丰富的教学经验,但随着时代的发展,对教师提出了新的要求,这部分教师在新要求与教学经验的融合方面相对较差。学校要加强教师能力培训,让教师充分接触最新的教学理念和教学经验,促进教师教学能力提升。

第四节　高职院校专业课教师能力体系构建的必要性

一、国际形势所趋

高职院校专业课教师能力是开展教育教学工作的基石,国际上通过对教师进行分类管理,进一步促进教师能力提升。对于研究型大学,欧美国家在教师分类管理方面的特点是教师岗位规制边界清楚,分类明确,采用全方位多层面的评价机制。例如,德国、英国、美国的教师岗位规制边界非常清晰,教师系列仅包括一线教学人员,不包括研究人员、教学辅助人员和行政管理人员。对于教师的分类也很明晰,按照级别和聘任方式的不同进行区分。从聘任方式来看,主要分为终身聘用、固定期限聘用和临时聘用三种方式。对教师的考核评估比较全面,主要从教学、科研、公共服务等多个维度着手,通过一套科学规范的指标体系和制度设计,对每个岗位上的教师进行品德、能力等多方位的评价。以诺丁汉大学和密歇根大学为例,其学术评价以同行评价为主,教学评价以学生评价为主,公共服务评价则采用多种方式,包括担任学院(系)的行政职务、为社会或社区服务等,以此来提高教师奉献社会的意义[8]。

职业教育在国际上一直处于至关重要的地位,对职业院校教师能力的培养高度重视。例如,德国职业院校教师必须经过严格的专业资格培训和职业教育理论进修,教师不仅要接受严格的专业技能训练,掌握实训设备的操作规程,还要掌握职业教育学和劳动教育学知识,才能取得职业学校教师的任职资格。丹麦对于职业教育教师培养,除必须具备的任职资格外,还需参加附加培训,附加培训主要是针对教师专业技能,让有经验的专业技术人才成为职业教育的教师,换句话说,从入口将专业技能作为职业教育的必备项,避免出现职业教育教师实践操作能力不足的情况[9]。日本设置专门培养职业技术教育师资的机构——职业能力开发大学,类似于我国的技术师范院校或技术教育学院,其课程设置是以学科为核心、以培养学员的实践能力为出发点,在大学取得教师资格证书后先去企业工作,再转到教师岗位上来[10]。英国实行"三段融合""三方参与"的培养模式,"三段融合"即职前培养、入职辅导和职后提高的培养过程;"三方参与"即充分整合大学、职业学校和企业三方资源,融合三者特色,积极推进高职院校专业课教师培养的社会化。新加坡职业院校把教师作为学校办学的主要资源,将企业经历和业界影响力作为教师的基本资格条件,重视教师的实践经历,不唯职称,不唯学历,引进业界精英。

二、国内发展需要

国内虽然职业教育起步较晚,但职业教育和普通教育处于同样重要的地位,推进高职院校专业课教师能力体系构建,既是现代职业教育改革的题中之义,也是高职院校打造高素质、专业化、创新型、应用型教师队伍的现实之需。高职院校专业课教师要贯彻落实立德树人根本任务,坚持以正确的价值观引导学生,在教育教学中着力培养学生发现问题、分析问题、解决问题的能力,将提升学生综合能力作为教育教学的最终目标,结合专业本身,强化学生专业理论知识,提高学生动手能力,最终将学生培养成为德智体美劳全面发展的社会主义的建设者和接班人。为更好地实现这一目标,要求高职院校专业课教师自身要具备较高的综合能力,除教师必须具备的教学能力、科研能力、实践操作能力等基本能力外,还应具备创新思维能力、人际交往能力、信息化处理能力等。

首先,高职院校专业课教师应具备创新思维,在教育教学中应引导和鼓励学生充分发挥主观能动性和创造力,把握自己的心智与情感,促进学生自我意识和思辨意识的觉醒,敢于推陈出新,打破思维定式和所谓的标准答案,提出富有创造力和思辨性的观点和方法。其次,高职院校专业课教师要具备信息化教学能力,一方面引导学生自主学习,对信息进行收集处理,养成独立自主的学习习惯;另一方面要引导学生掌握有效的学习方法和技巧,以及迅速、高效地获取有用知识和准确信息的途径。最后,高职院校专业课教师应具备较好的人际交往能力,积极促进师生之间良好的互动交流,培养学生与团体、群体内的其他成员沟通合作及和谐相处的能力。同时,随着全球化和国际化的快速发展,培养学生的跨文化交际能力日趋重要,新时代的专业课教师要根据专业定位及国家发展战略,满足中华文化"走出去""一带一路"建设和构建人类命运共同体对专业人才的需求,引导学生坚定文化自信,在文明交流互鉴中坚守中华文化立场,向世界讲好中国故事,传播好中国声音[11]。

第二章　高职院校专业课教师政治道德能力发展研究

第一节　政治道德能力内涵及意义

一、政治道德能力内涵

道德是人的本质,道德能力是人的本质能力,是一个人能否顺利完成一项行为所必备的心理特征,也是形成良好个人品质的必要条件。具备道德能力的人,在面临道德问题时能够明辨是非,做出正确的判断并付诸行动,相反,道德能力较弱的人,通常道德品质较差。因此,道德能力是人们认识道德现象和理解道德规范的能力。政治道德一般来讲是在政治实践活动中形成的,以良好的政治生态为依托,以追求政治正义为价值目标,即政治人为实现权力公共性的自觉的内在要求。

对于高职院校专业课教师,首先作为社会公民应具备良好的道德素质,新时代"四有好老师"的标准之一就是要有道德情操;其次作为教师,要做好传道授业解惑工作,也应具备良好的政治道德能力。

高职院校作为人才培养的重要基地,要为社会主义培养合格的建设者和接班人,因此高职院校专业课教师在思想上要坚持以马克思列宁主义、毛泽东思想、邓小平理论、"三个代表"重要思想、科学发展观、习近平新时代中国特色社会主义思想为指导,坚决落实立德树人根本任务。政治道德能力是在政治实践活动中形成的,以良好的政治生态为依托,追求政治正义为价值目标,在此过程中能够正确地认识、理解道德规范,在面临道德问题时能够明辨是非善恶,做出正确行为的能力,其中包括政治道德认识能力、政治道德判断能力、政治道德选择能力、政治道德践履能力、政治道德直觉能力和政治道德创造能力[12]。

二、提升高职专业教师政治道德能力的重要意义

"强国必先强教,强教必先强师",提升专业课教师政治道德能力对促进高职院校专业课教师职业能力发展具有重要意义。一是对学校而言,提升专业课教师政治道德能力有助于帮助学校掌握教师的职业能力情况,对教师能力进行培训提升,壮大师资队伍。二是对教师自身而言,提升专业课教师政治道德能力可以帮助教师不断认识自己、发展自己,提高实际的专业能力。在学校的支持下,教师可以参加各类专业培训,在培训中提高自身综合能力,有利于教师个人成长。三是对社会而言,教师政治道德能力的提高有助于教学效果的提升,培养出更多高素质、高水平的专业型人才,进一步促进社会经济的发展。

(一)推动国家职业教育发展的迫切需求

教育兴则国家兴,教育强则国家强。2023 年 5 月 29 日,习近平总书记在中共中央政治局第五次集体学习时强调:"建设教育强国,是全面建成社会主义现代化强国的战略先导,是实现高水平科技自立自强的重要支撑,是促进全体人民共同富裕的有效途径,是以中国式现代化全面推进中华民族伟大复兴的基础工程。"党的二十大报告提出:"统筹职业教育、高等教育、继续教育协同创新,推进职普融通、产教融合、科教融汇,优化职业教育类型定位。"为新时代职业教育发展找到了新路径,开辟了发展新领域、新赛道。职业院校要全面贯彻落实立德树人根本任务,深入分析学生的年龄特征和发展规律,引导学生坚定理想信念,永

远听党话、跟党走,培养德智体美劳全面发展的社会主义建设者和接班人。

师德师风就是评价教师队伍素质的第一标准,关于师德师风的论述,习近平总书记在北京大学师生座谈会上指出,评价教师队伍素质的第一标准应该是师德师风。2023年9月,习近平总书记致信全国优秀教师代表,再次强调要大力弘扬教育家精神,牢记为党育人、为国育才的初心使命,树立"躬耕教坛、强国有我"的志向和抱负,自信自强、踔厉奋发,为强国建设、民族复兴伟业作出新的更大贡献。传道者要自己先明道、信道,高职院校专业课教师在人才培养中占主导地位,政治道德应该放在首要位置,要将师德师风、政治道德贯穿为党育人、为国育才的全过程。

（二）推进职业院校"双高计划"建设的有力抓手

高职院校是培养大国工匠的重要基地,只有培养出高质量人才的高职院校,才能够成为中国特色、世界水平的高职院校。习近平总书记在全国高校思想政治工作会议上指出:"我国高等教育肩负着培养德智体美全面发展的社会主义事业建设者和接班人的重大任务,必须坚持正确政治方向。"办好我国高职院校,办出世界高质量高职院校,必须牢牢抓住全面提高人才培养能力这个核心点,回归教育教学本位,将立德树人落到实处,并以此来带动高职院校其他工作。

2019年,教育部、财政部印发了《关于实施中国特色高水平高职学校和专业建设计划的意见》(教职成〔2019〕5号),明确提出高职院校要扎根中国、放眼世界、面向未来,强力推进产教融合、校企合作,聚焦高端产业和产业高端,重点支持一批优质高职学校和专业群率先发展,引领职业教育服务国家战略、融入区域发展、促进产业升级,为建设教育强国、人才强国作出重要贡献。

我国高职院校是党领导下的高校,要办好中国特色社会主义高职院校,发展具有中国特色和世界水平的现代教育,着力提高高职院校人才培养能力和核心竞争力,高职院校专业教师的育人能力是关键因素。高职院校专业教育教学必须始终坚持以立德树人为根本导向,把培育和践行社会主义核心价值观贯穿专业教育教学始终,引导学生树牢道路自信、理论自信、制度自信、文化自信,为学生的成长奠定科学的思想基础;坚持将思想政治教育与专业教育相结合,深度挖掘专业课程蕴含的德育要素,结合不同专业特点,在教育教学实践中多渠道、多层次、多形式开展思想政治教育。只有回归教育教学本位,以德立身,以德立学,以德施教,才能培育优良校风和学风,促进高职院校和谐稳定;只有不断创新高职院校人才培养机制,坚持把专业作为人才培养的基本单元,才能有效推动职业教育教学改革,切实提高社会主义办学质量,全面推进中国特色、世界水平高职院校和专业群建设[11]。

(三)加强教师队伍建设的必然选择

百年大计,教育为本;教育大计,教师为本。高质量的专业课教师队伍,是保障高质量职业教育的关键,在职业教育中全面贯彻落实立德树人根本任务,政治素质过硬、业务能力精湛是提高师资质量的重要内容。2014年教师节前夕,习近平总书记同北京师范大学师生代表座谈时指出,全国广大教师要做有理想信念、有道德情操、有扎实学识、有仁爱之心的"四有好老师"。2016年9月,习近平总书记考察北京市八一学校并发表重要讲话,号召广大教师做学生的"四个引路人":做学生锤炼品格的引路人,做学生学习知识的引路人,做学生创新思维的引路人,做学生奉献祖国的引路人。在全国高职院校思想政治工作会议上,习近平总书记强调要加强师德师风建设,对广大教师提出了"四个相统一"的时代要求:坚持教书和育人相统一,坚持言传和身教相统一,坚持潜心问道和关注社会相统一,坚持学术自由和学术规范相统一。

习近平总书记关于教育的重要论述中,明确提出要将教师的政治道德放在首要位置,新时代高职院校专业课教师不仅仅是专业上的指导者,还是学生思想品格的塑造者,更是学生精神成长的引领者。学高为师,身正为范,教师的一言一行、一举一动对学生都具有较强的示范性,也直接关乎学生的健康成长。因此高职院校专业课教师要坚定理想信念,在教育教学实践中锤炼个人的政治道德能力,要具有较强的政治道德认识能力、政治道德判断能力、政治道德选择能力、政治道德践履能力、政治道德直觉能力和政治道德创造能力,同时要培养个人高尚的道德情操,树立良好的师德师风,为党和国家培养德智体美劳全面发展的社会主义建设者和接班人。

（四）促进学生全面发展的坚实保障

习近平总书记在全国教育大会上强调,培养什么人,是教育的首要问题。教育必须将培养德智体美劳全面发展的社会主义建设者和接班人作为根本任务,培养一代又一代拥护中国共产党领导和我国社会主义制度、立志为中国特色社会主义奋斗终身的有用人才[13]。全面贯彻党的教育方针、促进学生全面发展,是为党育人、为国育才的根本要求。要持续完善育人体系,健全育人机制。为落实落细立德树人根本任务提供更加科学的导向、更为多样的资源、更加灵活的方式[14]。提升教师育人能力不仅能有效解决学生发展的各类问题,促进学生全面健康发展,也是促进教育公平与社会和谐发展的重要举措[15]。2018年1月,教育部发布《普通高等学校本科专业类教学质量国家标准》(以下简称《国标》),这是我国发布的第一个高等教育教学质量国家标准。《国标》以突出"学生中心"为第一原则,同时突出"产出导向"和"持续改进",目标是完善人才培养方案,推动高等教育教学质量不断提升。

新时代职业教育是面向现代化、面向世界、面向未来的事业,新时代对高职院校人才培养及专业课教师的综合素质、育人能力也提出了新的更高的要求。高职院校要立足学生发展,全面提升学生的综合素质,大学生正处于思想活跃、求知欲望旺盛的时期,非常容易被新鲜的事物吸引,但他们并不具备较强的判断力和辨别力,因此教师的价值导向易成为学生价值取向的参照物,学生会根据教师的价值观构建自我价值观,这就要求专业课教师不仅仅要传授学生专业知识,培养学生专业技能,更重要的是要提高学生的思想品德。高职院校专业课教师必须坚持以学生为本,在专业教学中做好思想政治教育工作,严格落实师德师风要求,将不断提升育人能力和立德树人成效作为专业教育教学改革的根本目标和发展方向。

第二节　政治道德能力结构体系

人是社会关系的存在,必然与各种人建立人际关系,形成各自的利益与冲突。尽管如此,人们总会遵循某种美好意愿选择自己的行动方向,并依据自己所认同的律令准则。因此,道德这种既蕴涵着人们对善的行为的认识,也能促使人们依照形成的准则行事的滋生物,就成了调节人与人之间关系的行为规范的总和。康德认为道德就是出自"善良意志"的"绝对命令"。因而,道德不仅以意识、情感、理想和信念反映人类社会精神,还以规范、准则、律令等形式调整人的行为,并以道德评价、道德教育、道德修养等方式提升人的德性品质。教师职业道德,在我国简称师德,是一般社会道德或职业道德在教师职业生活中的具体体现,它在教师的职业实践中形成,反过来又指导着教师正确地处理教育工作中的各种关系,成为教师在教育工作中必须遵循的行为准则。

习近平总书记在北京市八一学校考察时的讲话中指出:"党和国家事业发展需要一支宏大的师德高尚、业务精湛、结构合理、充满活力的高素质专业化教师队伍,需要一大批好老师。"习近平总书记以上关于教师的重要论述,为推进教师发展、培养新时代教师指明了前进方向,提供了基本遵循。

高职院校专业课教师是履行职业教育职责的从业人员,承担着教书育人、科学研究、服务社会、文化传承的使命。"坚持立德树人、德学兼修",强化学生的家国情怀、国际视野、法治意识、生态意识和工程伦理意识等,着力培养"精益求精、追求卓越"的工匠精神[16]。这些要求为我国高职院校高质量人才培养指明了方向,也为高职院校师资队伍建设提供了新的思路,即以师德师风建设为核心要素的教师发展理念。教师应具有强烈的爱国情操、锐意进取的品质、无私的奉献精神；教师应崇尚技术创新、坚守学术初心、反对学术造假；教师应专业扎实、敬业爱生，努力培养品学兼优的人才[17]。进而将师德师风建设始终贯穿于高职院校专业课教师发展的各个方面，打造"四有好老师"，为高职院校的建设提供核心的师资保障。

培养什么人、怎样培养人、为谁培养人是教育的根本问题，立德树人成效是检验高职院校一切工作的根本标准。落实立德树人根本任务，必须将价值塑造、知识传授和能力培养三者融为一体、不可割裂[18]。因此，对学生的价值塑造、知识传授和能力培养正是课程思政背景下高职院校专业课教师育人能力的基本构成要素（图 2-1）。

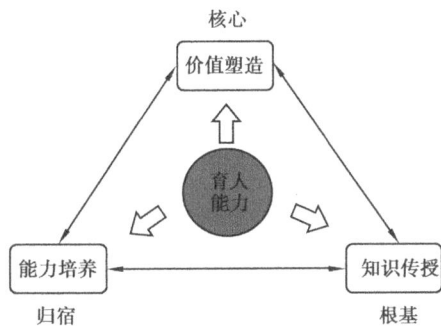

图 2-1 高职院校专业课教师育人能力基本要素

第三节 政治道德能力发展存在的问题及原因分析

高职院校专业课教师核心素养是专业课教师在教育教学实践活动中逐渐形成的适应个人发展迫切需要和护航学生健康成长成才必备的品质和关键能力。

从高职院校应承担的重要职责来看,普通高职院校专业课教师核心素养典型的特殊性、个性的鲜明性、成果的标志性和无可替代性,很大程度上决定了普通高等职业教育的鲜明目标、特定内容与重要形式,是推动和保障普通高职院校专业课教师最有效开展教育教学活动和工作,促进普通高职院校专业课教师全面发展的优秀品质与重要能力。

近年来,高职院校和高等本科院校出现了一些违反师德师风、师德失范和伦理道德失范的现象,以及知识失常、能力失衡等问题,与普通高职院校和普通高等本科院校教师的核心职业素养不协调、不匹配。"学高为师,身正为范"是社会公认的法则和准绳,是教师职业荣誉感的根源,也是教师获得社会认可的关键要素。从高职院校和普通高等本科院校教师群体看,一方面,因其职业的特殊性,教师被树立为社会道德标杆,承载着"立德"的责任,也是榜样和学习的楷模;另一方面,因其工作的特殊性,教师传播知识、教书育人、塑造灵魂,为社会主义事业培养人才,并且肩负着重要的"树人"使命和荣誉。新工科建设指南("北京指南")提出"全面落实立德树人根本任务""培养德学兼修、德才兼备的高素质工程人才""坚持立德树人、德学兼修"等要求,这实际上对教师道德素养培养指明了方向,提出了新要求,规划了新目标。2019 年 11 月,教育部等七部门印发了《关于加强和改进新时代师德师风建设的意见》,要求"把师德师风作为评价教师队伍素质的第一标准,将社会主义核心价值观贯穿师德师风建设全过程",将师德师风建设要求贯穿教师管理全过程,这也是新工科背景下开展师德师风建设的总体要求。

在新时代全面推进高职院校和普通高等本科院校课程思政建设的背景下,高职院校专业课教师的专业育人职责和要求有待更加明确,育人培养的意识需增强完善;思想政治教育理论基础有待夯实,思想政治素养有待提高;专业课程思政能力有待锤炼,育人方法有待改进。实现普通高职院校和普通高等本科院校专业课程的育人目标,全面提升专业教学育人效能,高职院校专业课教师必须深入理解课程思政内涵,明确育人的根本任务和要求;不断加强政治理论学习,提高个人思政素养和文化素养;深入挖掘专业课程体系中的思政元素,丰富创新教学设计;关注时政热点,优选思政教育资源辅助专业教学;掌握学生思想动态,建立师生全程、实时良性互动机制。

一、专业育人职责有待明确,育人意识有待增强

2017年,中共教育部党组印发了《高校思想政治工作质量提升工程实施纲要》,提出了十大育人体系,为高职院校协同育人提供了方法论。其中,课程育人放在首位,课程思政就是落实课程育人的具体手段,课程思政是指以构建全员、全程、全课程育人格局的形式,将各类课程与思想政治理论课同向同行,形成协同效应,把"立德树人"作为教育的根本任务的一种综合教育理念。

然而,现阶段高职院校协同育人体系尚处于探索阶段,部分专业课教师缺乏育人意识,认为学生的德育工作只是党政干部、团干部、思政课教师和辅导员的工作职责,仍然将专业教学与思政教育视作两个相对独立的体系,专业课只需要将专业知识、技能传授给学生,对专业教育的育人职责认识不足。因此,在实践中偏重专业知识的传授和专业技能的训练,忽略了对学生价值观念的塑造以及综合能力的培养,甚至出现为了思政而思政的现象,让专业课育人流于形式,进一步造成专业教育与思政教育分立,导致专业教学中价值引领和育人导向缺失,影响了学生的全面发展及价值观的树立。

当今社会的利益多样化、价值多元化、教育国际化、观念开放化时刻冲击着青年学生的意识形态,进入"互联网+"时代,获取知识越来越容易,但随之而来的知识选择、价值判断和为谁服务的问题却越来越突出[19]。专业教学是高职教育教学的重头戏,大多数学生在专业课程上投入的时间和精力最多。如果专业课教师的育人目标不明确,只重教书不重育人,很可能使学生误入一心成才、无法成人的歧途。如果专业教师不重视对学生的价值引领,学生很可能在多元价值的冲击下迷失自我,无法进行正确价值观的构建,更不可能成为社会主义合格的建设者和可靠的接班人。

二、思想政治理论基础有待夯实,思想政治素养有待提高

专业课教师的思想政治素质很大程度上决定了专业教学的育人成效。一般

来讲,高职院校专业课教师在求学阶段和丰富的教学实践中为专业知识打下了坚实的基础,他们的教育教学能力在长期教学实践、教师能力比赛及各类培训中也得到了一定的培养和提升。但是专业课教师的专长是专业教学,无论是自身求学期间还是教学期间对思想政治理论的系统性学习是欠缺的。同时,由于专业课教师教学任务、科研任务繁重,思想政治理论学习停留在表面,没有进一步入心、入脑,自身的思想政治素养没有得到提高。随着课程思政的全面推行,专业课教师也在尝试从专业的角度融入思想政治教育,试图挖掘专业知识中的思政元素,然而由于自身思想政治教育理论基础薄弱,对思想政治教育的理解不深入,要想从传统专业知识体系中找到思想政治教育的切合点非常困难,进而无法灵活运用思想政治理论,这已然成为专业课教师深入开展课程思政的一大痛点。

目前,高职院校专业的协同育人机制并未完全建立,专业课教师与思政课教师之间的育人合力尚未充分形成。专业课教师要真正成为学生成长路上的引路人,就必须加强思想政治理论学习,与其他学科教师尤其是思政课教师交流探讨,不断提高思想政治素养,提升专业教学的育人实效。

三、专业课程思政能力有待锤炼,育人方法有待改进

高职院校专业课教师思政能力普遍存在一定问题,一方面专业课教材在教学中及学生学习中占主导地位,是学习内容的第一来源,然而高职院校现用的教材大部分还是传统的以介绍专业知识为主的教材,缺乏鲜明的育人导向。加之专业课教师思想政治教育理论薄弱,无法从现有的专业知识找到思想政治教育的切入点,使课程思政在落实过程中要么缺乏,要么专业知识与思政教育分离,无法真正实现专业知识与价值引领的有机统一。另一方面专业课教师的教学方法停留在传统教学模式上,习惯于教师课上讲,学生被动接受的输出式教育,忽略了在教学中学生的主体地位,没有充分调动学生的主观能动性。同样,在专业课中的思政教育也采取相同的方法,单向的价值输出,学生接受效果极差。因此,在专业课教学中,教师从教材的选取到教学方法的优化,都要以学生的实际需求为出发点,一切以学生为重,充分调动学生的学习积极性,要让学生自己想

学。教师在这过程中课前善于引导学生主动学习,了解学生的困惑,课上指导学生解决难题,这样才能有针对性地帮助学生解决问题,有导向性地对学生进行价值引领,切实提高高职专业课教学的育人效果。

四、课程思政内涵意义理解不透彻

课程思政背景下高职院校专业课教师育人能力成为教师教育教学能力的基本构成要素,然而部分职业院校教师对课程思政的理解不够深入,简单地认为课程思政就是在专业课上开展育人教育,没有将专业课与思政教育进行深度融合,导致课程思政成效较差。因此,对课程思政内涵的理解成为专业课教师开展育人工作的关键。课程思政的核心是对学生价值观的塑造,而专业知识则是基石。

(一)价值塑造是核心

高职院校在贯彻落实立德树人根本任务时,其首要任务就是要对学生的价值进行塑造,这也是专业课教师育人能力的核心。"人无德不立",育人的根本在于立德,立德的过程就是学生价值观养成的过程。随着互联网3.0时代的到来,国际化、全球化带来了世界各国的思想文化,多元文化的碰撞使得高职院校意识形态领域面临新的挑战。在这复杂的环境中,学生处于思想非常活跃的时期,且往往缺乏政治和道德辨别力,而高职院校专业课教师的价值取向在一定程度上影响着学生价值观的塑造,因此教师在传授专业知识、培养学生专业技能的过程中,要高度重视专业人才的价值取向问题。

高职院校专业课教师要坚定理想信念,坚持以习近平新时代中国特色社会主义思想体系为指导,坚持为党育人、为国育才,落实立德树人根本任务,坚守教育初心,坚持育人为本,充分发挥价值引领作用,在专业知识和技术技能中深度挖掘社会主义核心价值观的思想政治教育元素,将价值观塑造贯穿专业教学的全过程,回答好"培养什么人,怎样培养人,为谁培养人"这个时代命题,将全员全过程全方位育人落到实处。

(二)知识传授是根基

知识传授是高职院校专业课教师育人的基石,对新时代高职院校专业课教师而言,要以专业知识为根基,深度融合中华传统文化、马克思主义理论、中国特色社会主义理论体系,强化学生的家国情怀、政治认同,提高学生的文化素养和道德素养。高职院校专业课教师肩负着培养具有大国工匠精神的专业型人才,同时也肩负着培养社会主义合格的建设者和接班人的重任,这就要求高职院校专业课教师队伍自身是一支政治素质过硬、专业知识强的高质量队伍,才能保障人才培养的质量。专业知识是专业课教师的强项,但如何将知识传授融入育人过程、如何从专业知识中挖掘育人元素,将思政元素和专业知识进行深度融合,这是专业课教师面临的课题。

高职院校专业课教师不应局限于现有的传统教材和传统教学模式,要坚持以学生为主体,充分把握新时代学生的特征,正确认识新时代职业教育改革的方向和任务,创新专业课程的教学内容,创新教学方式,调整教学方案。要以中国特色社会主义思想体系为指导,掌握新时代学生的价值诉求,根据学生善于使用网络、容易接受新鲜事物等特点,教育引导学生成为专业知识扎实、专业技术强和思想价值取向正确的高素质人才。

第四节　政治道德能力优化路径

政治道德能力是高职院校专业课教师必须具备的能力,且政治道德能力是教师应具备的首要能力。在教育实践中,专业课教师的政治道德能力主要通过两个方面表现:师德师风是第一标准,课程思政是具体落实的手段。最终,育人成效将教师的政治道德能力进行评价。因此提高高职院校专业课教师政治道德能力,一方面要进一步强化教师师德师风教育,另一方面,要全面提升高职院校专业课教师课程思政能力。专业课教师要树立健康开放的育人理念,建立文化精神阵地,强化教学能力,构建结果导向的方法论,建设高职院校专业课教师课程思政价值实现体系。

一、加强高职院校专业课教师政治理论学习,提高师德师风修养

良好的师德师风修养是教师必备的基本素质,对高职院校专业课教师来讲,过硬的政治理论水平是提高自身师德师风修养的重要途径。作为高职院校专业课教师,要全面、系统提升政治理论水平,要以"不忘初心、牢记使命"主题教育、党史学习教育、学习贯彻习近平新时代中国特色社会主义思想主题教育为契机,全面系统学习中国共产党的光辉历程和中国特色社会主义理论体系,坚持集中学习与自主学习相结合,线上学习与线下学习相结合,政治理论学习与专业知识学习相结合,将学习成效转化为实际工作的指挥棒、方法论。首先,通过系统阅读马克思列宁主义、毛泽东思想、邓小平理论、"三个代表"重要思想、科学发展观、习近平新时代中国特色社会主义思想的理论著作,以及习近平总书记关于教育的重要论述等相关文献,从中汲取精神食粮,找到提升个人素质的方法论。其次,创新学习方法,充分利用"学习强国"APP、求是网和红岩魂公众号等网络资源辅助学习,积极参加读书班,加强学习心得的沟通交流。再次,以黄大年、李保国、张桂梅、王红旭等先进人物为榜样,深入开展榜样学习活动,以当代教师先进典型为引领,争做有理想信念、有道德情操、有扎实学识、有仁爱之心的"四有好老师",成为先进思想文化的传播者和党执政理念的坚定支持者,当好学生全面发展的指导者和引路人。

高职院校专业课教师通过不断提升政治理论水平,增强"四个意识"、坚定"四个自信"、做到"两个维护",坚持学思用贯通、知信行统一,真正将中国特色社会主义理论体系内化于心、外化于行,转化为锤炼党性、指导工作实践、实现个人理想信念与价值追求的强大力量,从而提升教育教学能力,在专业教学中不忘育人初心,站稳育人立场。

二、全面贯彻落实课程思政

(一)理解课程思政内涵,明确专业育人任务

对课程思政内涵的界定是高职院校专业课教师能否将思想政治教育融入专业教学中,使得专业课与思想政治理论课同向同行,实现"三全育人"的关键。只有充分理解课程思政的内涵、特征及意义,才能够明确专业课育人的方向和目标,进而有针对性地将思想政治教育融合到专业教学中,实现知识传授与价值引领同频共振。

有专家认为,课程思政是一种理念,其实质不是增开一门课,也不是增设一项活动,而是将高职院校思想政治教育融入课程教学和改革的各环节、各方面,实现立德树人,润物无声。有学者认为,课程思政的侧重点不在思想政治理论课,而在于挖掘和发挥专业课、通识课的思想政治教育资源与功能,解决思想政治理论课单打独斗、孤军奋战的问题,其含义可以理解为"依托、借助于专业课、通识课而进行的思想政治教育实践活动,或者是将思想政治教育寓于、融入专业课和通识课的教育实践活动"[20]。有学者进一步指出,专业课程思政是课程思政建设中极其重要的一部分。高职院校专业课教师肩负育才和育人双重责任,因此专业课教师要深刻领悟课程思政的内涵,充分发挥专业特色和优势,将专业自身内在的文化基因和价值转化为育人元素,通过知识重构、能力培养、价值引领,将专业知识与价值引领相结合,在教育教学过程中将思想政治教育融入专业教学中,发挥育人功能。

大学生正处于认知水平、思维能力、价值取向渐进发展的窗口期,也是世界观、人生观、价值观形成并趋于稳固的关键时期。在高职院校专业课教学中,教师除了要传授专业知识,培养学生的专业素质和能力,还要把握好专业课程体系的政治方向、价值取向和育人导向,增强对学生的政治引领、道德引领和文化引领,全力培养专业水平高、政治素养高、思想觉悟高的社会主义事业建设者和接班人。

（二）创新教学设计，深挖专业思政元素

课堂教学是课程思政的主渠道，课程思政实施的关键在于教学设计，教学设计的重中之重是思政元素的挖掘。高职院校专业类别众多，教师在实施课程思政时，要结合专业本身，对专业知识框架体系进行重新构建，深度挖掘专业知识中所隐藏的思政元素，做到精准定位专业人才培养目标，做到具体问题具体分析，将价值引领贯穿到专业教学的各个环节。例如，财经商贸类专业教师可以在专业课教学中加强诚信、廉洁等文化的渗透；工科类专业教师可以在专业课教学中加强工匠精神等大国精神的渗透，还可以讲述中国故事，将大国工匠、科学家无私奉献的爱国精神，求真求实、勇于创新的科学精神，团结协作、百折不挠的奋斗精神等融入其中，激励学生继承和发扬爱国、奉献、严谨、求实的优良科学传统，弘扬民主与科学精神，不断钻研进取、开拓创新，为建设创新型国家、建设世界科技强国贡献自己的一份力量。通过创新教学设计将思政教育作为必备元素融入教育教学的全过程，实现专业教学与思想政治教育的深度融合，达到育人的目标。

（三）关注时事政治热点，吸纳思政教学资源

作为高职院校专业课教师，为提升专业教学水平，要时刻关注学科专业领域最新、最前沿的动态，不断更新补充自己的知识体系。同时，还应密切关注国内外时事政治热点，将与专业相关的热点问题进行分类处理，作为专业课程思政辅助教学材料的资源，一方面可以提高学生的专业性，保持与时代同步；另一方面通过深入探讨热点问题增强思政教育的立体感。例如，在安全管理类专业课程教学中，教师可结合专业特点和知识结构，运用融媒体等现代教育技术手段，深入探讨公共安全事件，讲述中国抗疫故事，将相关视频、音频、图片等直观教学资源作为思想政治教育的材料纳入专业教学中，加深学生对中国人民和中华民族"生命至上、举国同心、舍生忘死、尊重科学、命运与共的伟大抗疫精神"的认知和认同，引导学生坚定社会主义核心价值观，弘扬爱国主义精神，厚植爱国主义情怀。

（四）掌握学生思想动向，建立全程良性沟通

随着互联网3.0时代的到来，教学载体迎来了全媒体时代，高职院校教育教学模式也发生了重大改变。在传统教学模式下，教师课上讲授，学生被动接受，教师与学生之间形成上课见面、下课走人的关系，课堂外的交流机会非常有限，面对面交流几乎为零，这种"填鸭式"教学模式，教学效果较差，已然不符合新时代对教育教学的要求。高等教育模式改革后，学生自主学习空间较大，这对学生自主学习能力提出了更高的要求。作为专业课教师，要经常性深入开展调研，建立实时有效的师生沟通机制，掌握学生的思想动态和学习效果，保障专业教学成效。

高职院校专业课教师要走出课堂，充分利用课堂外的时间，掌握学生的情况。因此专业课教师可以采用线上线下混合式教学模式，利用线上教学功能，掌握学情。同时，在线上线下混合式教学模式下，教师可以结合线下课堂面授和线上网络教学平台各种教学功能，充分发挥教师的导向作用和学生的主体作用，实现与学生的全程、实时、有效的互动交流。教师可依托云班课、钉钉等 APP 开展线上调查，组织学生开展线上交流会。一是可以了解学生对专业知识的掌握情况，同时了解学生对现行教学模式、教学进度等的接受程度，以便优化教学设计。二是通过线上交流会，实时掌握学生的思想动态，帮助学生排忧解难，鼓励学生完成课外学习任务，确保专业课的育人实效，还可以促进师生之间的良性互动，增进师生间的感情。三是通过混合式教学，专业课教师能够在讲解融入了思政教育的专业知识点时，用启发式的方式引导学生主动思考，避免单向输出，让学生在互动中发现问题、分析问题、解决问题，理解知识点背后隐藏的思政元素。四是丰富课堂教学形式，专业课教师可以在讲解完知识点后，以热点问题为引，设置相关话题，组织学生开展分组讨论，通过交流讨论，使学生进一步对知识点和思政元素进行消化，同时通过学生讨论结果、点评等环节验收学生对思想政治教育的理解情况。教师还可根据学生讨论结果、课堂反馈，有针对性地进行点评总结，强化思政元素内涵，加强对学生的思想政治教育。

高职院校专业课教师应更新教育理念,提升个人政治道德素养和能力。应从理解课程思政内涵,明确专业育人任务;加强政治理论学习,提高师德师风修养;挖掘隐性思政元素,创新优化教学设计;关注时事政治热点,吸纳思政教学资源;掌握学生思想动向,建立全程良性沟通这五个方面讨论作为专业课教师的个人层面应怎样提高政治道德能力。

第三章 高职院校专业课教师教育教学能力发展研究

第一节 教育教学能力内涵及理论基础

2019年,教育部、财政部印发了《关于实施中国特色高水平高职学校和专业建设计划的意见》(以下简称"双高计划"),明确提出实施中国特色高水平高职学校和专业建设的总体要求、任务内容与保障措施。"双高计划"以立德树人为根本、以提升质量为核心、以内涵式发展为主线、以世界水平的高职学校和专业群建设为抓手,从产教融合、师资建设、服务水平等多维度提升高职教育发展质量,有针对性地破解高职教育在发展中的瓶颈问题,以形成中国特色职业教育的发展模式,打造中国职业教育的国际品牌。

教师教学能力是高职院校办学的基础,从学生的角度,课堂学习是其学校生活最基本的构成部分,它的质量直接影响学生当下及今后的多方面发展和成长;从教师的角度,课堂教学是其职业生涯最基本的构成部分,它的质量直接影响教师对职业的感受与态度,也是教师专业水平的发展和生命价值的体现[21]。教师作为课堂教学活动中的重要主体,对学生的影响除个人政治道德之外,还包括专业素养、教学智慧[22]。

关于教学能力的内涵，有学者认为，教学能力是教师为达到教学目标，顺利从事教学工作所必需的，教学能力的高低还直接关系到教学效率的高低、教学效果的优劣[23]。教学能力是顺利完成教学活动所必需，并直接影响教学活动效率的个体心理特征；是通过教学活动将个人智力和教学所需知识、技能转化而形成的一种职业素质，它依托于一定的智力，是以认识能力为基础，在具体教学科学活动中表现出来的一种特殊能力（专业能力）[24]。

大学教师教学能力包括两个方面：一方面，大学教师要具备不断更新知识和调整知识结构，提高自己学术水平的能力；另一方面，大学教师也应该具有研究治学规律、寻求最佳治学方法的能力[25]。教学能力包括教学能力的智力基础（分析性思维能力、创造性思维能力、实践性思维能力）、一般教学能力（教学监控能力、教学认知能力、教学操作能力）、具体学科教学能力[26]。

通过上述分析，教学能力是指教师为促进学生发展、顺利开展教学实践活动所应具备的多方面的综合能力，是一种特殊的能力。高等职业教育致力于培养服务于生产的技能型人才，因此，高职院校专业课教师应具备以下几方面的教学能力：第一，熟悉专业发展的要求，了解区域产业的发展状况，具备对技术知识进行整合、创新的能力；第二，了解人才培养的需求，具备创新教学模式的能力；第三，能正确认识高职学生的多元化特征，并在教学中采取相应策略来发展学生能力。同时，国内外学者对教学能力的研究多是将其嵌入教学情境或教学活动中，去考虑个体所需要具备的知识、技能和态度等。因此，教学活动过程是研究教学能力概念和结构的基础。按照教学活动的主要进程，教学能力可分为教学设计、教学实施和教学评价与反思三个部分；按照教学活动的目标和性质，教学能力可分为教学认知能力、监控能力和实践能力等；按照教学系统的构成要素，教学能力包括在教学中对学生、内容、媒体技术、教师、环境等的控制、驾驭与协调能力，以及协调各要素间关系的能力，如根据学生特征选择合适教学方法的能力等[27]。

第二节　教育教学能力结构体系存在的问题

一、来源的多样性导致高职院校专业课教师专业素能结构性失衡

①"继承性"教师素能结构失衡。我国高职院校开放办学、合作办学动力不足。由于高职院校发展时间较短,且大多数是由中职院校升格而来,升高职后师资队伍基本保持原中职师资不变,这部分教师教学经验丰富,专业实践能力较强,但是由于中职院校办学与高职院校办学的差异,造成了教师专业理论水平不足。

②"发展性"教师素能结构失衡。随着职业教育的快速发展,新时代对高职院校专业课教师的专业水平、实践能力等提出了更高的要求。近年来,为提高高职院校师资队伍的学历情况,从高等院校中招聘了大量应届毕业生,这部分教师具有较强的专业理论水平,但缺乏企业实践经验,与"双师型"素质具有较大差距,脱离企业的相对单一和封闭的高职院校师资培养体系与职业教育向类型教育转变的趋势背离。

③"合作性"教师素能结构失衡。兼职教师作为高职院校师资队伍的重要组成部分,兼职教师主要来源于企业专家、一线工作人员,具有丰富的工作实践经验,实践技能强。由于兼职教师没有接受过教育教学的专业教育,教育教学能力较差,导致兼职教师队伍质量参差不齐。近年来,高职院校招生人数年年递增,对师资队伍的需求越来越大,兼职教师数量也在不断激增,兼职教师中真正

的企业技术专家、能工巧匠较少,导致兼职教师整体质量不高。

④"思政性"教师素能结构失衡。专业课教师在落实立德树人根本任务、推动课程思政与思政课程同向同行、实现全员全方位全过程育人方面还存在差距。专业课教师肩负育人和育才双重责任,但现阶段大部分专业课教师缺乏一定的育人意识,在专业课教学中偏向育才,没有将专业人才培养与思想政治教育进行深度融合,专业课程没有将思想政治教育功能发挥出来。因此,推动专业课教学与思想政治理论课教学结对共建、结伴同行仍需不断探索。

二、认识的滞后性导致高职院校专业课教师校企合作应用能力不足

无论是学校还是教师层面,对校企合作的认识都存在一定程度的滞后性。国内大部分高职院校是由政府主办,归口地方教育部门管理,并且高职教育与行业企业天然连接的纽带被割裂,加之校企作为不同的利益主体,校企协同育人的合作机制、利益分配机制、激励奖惩机制等尚不完善,高职院校开放办学、合作办学动力不足。

从专业课教师层面来看,由于高职院校专业课教师评价体系尚不完善,并未结合高职院校的特色,其评价标准大多数还采用与普通本科院校相同的标准。评价指标重教育教学成果、科研成果,轻成果转化;重理论教学,轻实践技能,直接导致专业课教师对校企合作意识薄弱。同时,高职院校专业课教师资源整合能力不足,由于高职院校专业课教师企业实践经验较为匮乏,将最新行业企业资源引入人才培养体系的能力不足,跨专业、跨院部、跨行业的高水平混编教师团队仍在探索之中,资源整合能力与团队协作能力都有待进一步提升,校企合作依然以碎片化项目合作和浅层次低密度合作为主。

校企资源应用能力不足。一方面,教师参与企业实践成效不显著,部分调研显示,教师到企业实践专业匹配度低,实践锻炼时长严重不足,且以考察观摩和实习指导等形式居多,企业实践锻炼效果不理想。另一方面,教师参与的高层次研发应用项目数量少、规模小,这与"双高计划"中提出职业教育要服务新时代

经济高质量发展,为中国产业走向全球产业中高端提供高素质技术技能人才支撑的培养目标有差距。

三、渠道的单一性导致高职院校专业课教师在国际话语体系中的权威性不够

随着国家"一带一路"倡议的提出,职业教育的国际化走上了快车道,职业院校走出国门开展海外培训、参加国际技能大赛、举办国际论坛等,不断拓宽国际化视野、扩大国际影响力、提升师生的国际素养。但高职教育作为以专科层次为主的教育,职业教育纵向发展的层次体系不够健全,吸引力有限,教师"走出去"开展国际化办学的方式、路径、载体等都有待进一步拓展,特别是国际职教标准制定能力和职教资源的国际输出能力仍然较弱,高职院校专业课教师的职业教育国际话语权还不够[28]。

第三节 教育教学能力发展的问题及原因分析

一、职业教育教师队伍能力发展中的突出问题

(一)教师综合能力素质总体不高

高职院校专业课教师的综合能力和素质在一定程度上存在不足。首先,教师来源渠道单一,难以吸引到优秀人才。相对于大学本科教师,高职院校专业课教师的社会地位和待遇相对较低,这也限制了一些有潜力的教师选择高职院校的动力。其次,教师的继续教育和持续成长不到位。教师在职业生涯中需要不

断学习和更新知识,但目前的继续教育机会不够多,教师的进修和培训往往只是应付考核而非真正地提升能力。再次,教师的职称评定和晋升方式也存在一些问题,缺乏科学性和公正性,不利于教师的持续成长。最后,高职院校专业课教师队伍中缺乏有丰富经验的骨干教师,这对于培养学生的实践能力和职业素养是不利的。另外,教师队伍的专业技能和教学科研潜力也有待提高,这需要加强教师的培训和学术交流,提升教师的专业素养和创新能力。

(二)教师能力结构不平衡

教师能力结构不平衡主要表现在教师核心能力不突出,以及各方面能力强弱不一。专业实践与应用能力、课程开发与教学设计能力构成了职业教育教师的核心能力,前者是职业教育教师必备的条件之一,后者则是职业教育教师教学改革和创新能力的重要体现。部分教师可能会在专业实践或应用能力上表现出优势,但在课程开发与教学设计能力上就会相对薄弱,这表明一方面教师综合能力水平不足,另一方面能力结构中的短板又十分明显。相对而言,教师在专业知识、专业理论和理论教学、知识传授方面能力略强,专业实践、操作应用、实践教学、合作教学的能力凸显薄弱[29]。

(三)师资队伍未分类分层管理

高职院校师资队伍人员主要包括教师、科研人员、实验人员、图书资料档案管理员[30],其岗位可根据工作任务细分为教学为主、科研及社会服务为主、专业建设为主、教学辅助为主和特聘这五类教师。其中专业建设为主是指以编写专业发展规划、专业课程体系和核心课程标准,进行专业人才需求情况调查为主要任务;教学辅助为主是指为学校教育教学、科研、对外服务等一系列工作服务的岗位,如实验室实验员、图书馆管理员、信息技术支持人员、医务室医护人员等;特聘教师是指领军人才、行业翘楚、学术大师、管理精英等[31]。校外兼职教师作为高职院校师资队伍的重要组成部分,在职业教育发展中发挥着重要作用,他们将企业规范、生产流程、操作标准、实践经验等带入课堂,为学生提供更贴近生产实际的教学内容以提高教学实效性,提高学生技能水平,培养复合型、创新型人才。然而,目前高职院校对兼职教师的考核评价存在着随意性大、标准混乱、教学难以监控等问题。高职院校兼职教师队伍应实行"双库双岗双考核"模式,通过校企深度合作建立兼职教师资源库,实施双岗制和双考核制,有效整合和优化兼职教师资源,发挥兼职教师育人功能,促进职业学校兼职教师队伍的素质提升和专业化发展,推动兼职教师职业发展,为职业教育发展注入新的动力和活力[32]。

目前高职院校专业课教师分层分类管理比较粗略,没有充分考虑到教师个体和团队的发展需求。建立一个更加系统化、多维化、精细化的教师分层分类体系是非常必要的。一个好的教师分层分类体系应该综合考虑教师的绩效、教学能力、职业发展等方面因素,以实现教师队伍整体水平的提升。分类可以按照职称等级、教学评估结果、专业发展等级等多个维度进行,使教师能够根据自身实际情况进行分类,并为个体和团队的专业发展提供相应的支持和激励机制。此外,教师分类分层还应该充分考虑校内外兼职教师的情况。校外兼职教师在职业教育中发挥着重要作用,他们的分类和分层也应该纳入考虑范围,为他们提供相应的发展机会和激励措施。建立一个科学合理的教师分层分类体系,需要学校积极行动起来。学校可以参考中职教师的分类管理经验,结合高职院校的实际情况,制定适用于高职院校专业课教师的分类标准和评估指标。同时,还可以通过培训、指导和实践机会等方式提高教师的教学能力和专业素养,为教师的分类和分层提供科学依据。建立一个系统化、多维化、精细化的教师分层分类体系对于提升高职院校专业课教师队伍整体水平是非常重要的。学校应该加强对教师的分类管理和支持,为教师的职业发展提供更好的保障和机会[33]。

(四)教师团队同质性有余,互补性不足

教师团队建设也是教师高质量发展的重要任务,确保教师团队能够形成合力和互补的能力对于职业学校的发展和教学质量提升至关重要。即使不是所有教师都能达到"双师素质",如果教师团队形成了"双师结构",也能够满足职业教育的教学任务和人才培养的需要。然而,职业学校教师同构化现象严重,许多职业学校专业教师更多关注个体教学,缺乏协调沟通和合作教学,这对于教师个体能力的提升并不利[28]。

（五）职能管理缺乏经验与方法

职业学校院校长和中层管理人员的能力水平参差不齐,这直接影响了职业教育师资队伍整体能力的发挥。虽然也有一些优秀的院校长和管理人员,但总体上来说,还存在一定的欠缺。这种情况不仅会影响教师的教育教学管理,还会间接影响整个教师队伍的能力和作用。

对于个体而言,目前真正具备"双师素质"的职业学校教师比例仍然较少;而从整体来看,职业学校教师队伍在一个专业上未能形成"双师结构"。因此,建设一支规模适当、结构合理、能力突出、素质优良的高质量"双师型"教师队伍仍然是职业教育教师基础能力建设的一项艰巨任务[28]。

二、职业教育教师队伍能力发展的影响因素分析

（一）政策层面

①教师资格。国内外职业学校对于教师资格的要求存在着较大差异。例如,德国的职业学校教师资格要求具备企业工作经历,并通过实习和考核才能获得资格。而在国内,不同类型的教师资格标准相对统一,对职业学校教师的资格要求与普通高中教师类似。这种情况可能导致一些职业教育教师在入职后无法胜任职业教育教学的需要,因为他们缺乏实际职业经验和相关技能。这也说明了国内教师资格制度在职业教育领域的不完善之处。

②专业职务评聘。职业教育教师职称评聘标准和要求不强调实际的专业实践能力与专业教学水平,而过于强调论文和外语等方面,忽视了教师的实际专业实践能力和教学水平。这种评审方式不利于职业教育教师的能力成长。职业教育教师的职业特点要求他们应具备扎实的专业知识和技能,并能将其运用到实际教学和实践中。然而,目前的职称评定标准偏重于理论和论文,忽视了实际应用能力的培养。在这种情况下,教师只能将大量精力放在完成论文等硬指标上,而无法更好地提升自己的专业实践能力及参与课程开发和教学改革。

③教师培训。职业教育教师培训方面存在普教化倾向,缺乏与行业企业的紧密联系,培训体系和实效需要改进。确实企业实践应该成为职业教育教师培

训的重要方向,但教师进入企业的机会有限,行业企业对教师培训的介入也不够。职业教育的目标是培养学生成为具备实际工作能力的人才,因此教师的培训也应该与实际工作紧密结合。企业实践是十分重要的一环,可以帮助教师了解最新的行业发展动态和技术要求,提高他们的专业素养和实践能力。

然而,目前教师进入企业实践的机会确实较少,行业企业对教师培训的介入也不够。这可能是因为现有的职业教育体系还没有完全与行业企业对接好,需要加强双方的合作和沟通。同时,职业教育教师培训也需要建立自己独有的培训体系,不能完全依赖于教育学院、大学的培训模式。只有这样,才能更好地满足职业教育教师的培训需求,提高他们的专业水平和教学能力。

④教师企业实践。教师进入企业实践还存在一些障碍,编制和经费限制确实是职业学校难以安排教师到企业实践的主要原因之一。此外,企业的核心价值确实是实现经济效益最大化,难以承担起过多的社会责任。即使有些企业愿意与职业学校合作,也会受到技术保密和岗位任务连续性的限制,导致教师进入企业实践困难。

(二)社会层面

①职教教师地位。职业教育教师的社会地位和经济待遇相对较低。这主要是由高职教育起步较晚、发展相对滞后,教育经费投入不足所导致的。相比其他类型学校的教师,高职教师的福利待遇确实存在差距。由于福利待遇和工作量的不平衡,一些高职教师可能会产生厌教情绪。他们可能会通过校内外工资福利待遇的对比来评估自己的工作价值,从而感到不满。另外,部分教师凭借自己的一技之长,选择另谋高就,或者到外单位兼课、兼职,从事"第二职业",这可能会影响到他们教学任务的完成。

②行业企业的介入。目前,在职业教育领域企业的作用发挥不足,产学结合的社会氛围也尚未形成。确实只有在充分调动行业企业的积极性的基础上,才能确保产学结合的顺利实施。目前,一些企业对产学结合的意识和认识还不足,将接纳教师参与实践视为额外负担。很多企业缺乏成熟的合作教育思想,更多的只是选择人才,而很少参与人才的培养。国外的行业协会在职业教育教师培

训中发挥了积极的作用,相比之下我国的行业协会较少介入教师培训。

③教师流动机制。职业学校还没有形成一个能够让优秀人才真正进入并留在学校的机制。一方面,职业学校教师的整体待遇相对较低,对于优秀人才来说缺乏吸引力;另一方面,事业人员编制的约束和企业人员进入事业单位的烦琐程序也给职业学校引进人才带来了障碍。职业学校自身也没有辞退不合格教师的自主权,这导致劣质教师难以被淘汰。因此,职业学校面临着优秀人才难以引进、劣质教师难以退掉的尴尬境地。

(三)学校层面

①教师压力。学校扩招导致教师数量相对不足,教学任务过重,这使得教师的压力很大,难以有时间和空间进行自我学习和接受培训。在这种情况下,教师的个人发展和能力提升会受到一定的限制。教师压力的主要原因有三个方面:一是课时任务重,教师需要承担大量的教学任务,时间压力很大;二是学生不好教,教师可能面临学生学习能力、兴趣等方面的挑战;三是收入偏低且前景不明朗,教师的收入水平相对较低,晋升和发展的机会有限。适度的压力可以促使教师成长,但过大的压力会对教师的身心健康产生负面影响,并限制其能力的发展。因此学校应该关注教师的身心健康,并提供适当的支持和帮助,缓解教师的压力。

②教师激励。职业学校教师激励机制存在的问题,是当前职业教育领域需要重视和改进的方面。对教师能力成长的激励措施和激励机制不完善,可能会导致人才流失、教师心态不稳定等问题。一方面,需要加强对职业学校教师的激励机制和政策的制定。例如,建立起与职业教育特点相适应的教师激励机制,提供更具吸引力的薪酬和福利待遇,以及提供更多的晋升和发展机会。此外,还需要加强对教师教学成果的评价和认可,为优秀教师提供更多的荣誉和奖励,激发其工作动力和创造力。另一方面,需要加强对教师的培训和继续教育。通过培训和学习,提高教师的专业素养和教学能力,使其能够适应信息化教学的需求。此外,建立起完善的教师培训和发展体系,为教师提供更多的学习和成长的机会,激发其进一步提升自己的动力。同时,需要加强行业企业与教师培训机构的

合作。通过与行业企业的合作，为教师提供更多的实践机会和职业发展的支持，使其能够更好地了解行业需求和发展趋势，提高教学的实践性和针对性。

③教师岗位配置。专业教师在中职教育中扮演着重要的角色，而实习指导教师的存在对学生的职业发展至关重要。然而，由于岗位配置结构失调，实习指导教师的比重明显偏低，使得他们的工作负荷和压力过大，难以顾及自身能力和素质的提高。这也影响到教师教学团队的建设和整体能力的优化。

④教师聘用。当前教师进入企业实践存在一些障碍和限制。这主要是因为现行用人制度限制了企业与职业学校之间的人事调动，致使企业高级技术人才向职业学校流动困难。另外，职业学校普遍将兼职教师仅作为专职教师数量不足的一种外在形式上的补充，也限制了企业人才向教育领域的流动。

⑤教师评价。在职业学校中，教师的能力评价应该更加注重发展性评价和过程性评价，以更好地适应职业教育的特点。当前的评价指标体系需要改进，以体现出职业学校人才培养的特点。在实施教师评价时，应该更加全面地考察教师的教育教学能力，不仅仅关注他们的工作业绩。同时，还应该重视那些难以量化和捕捉的有价值的客观信息，如教师的教育理念、教学方法和师德师风等方面。

⑥教师顶岗训练。为了鼓励教师参与企业实践，学校可以制定相应的优惠政策。例如，可以给予教师带薪制度，即在教师参与企业实践期间给予一定的津贴或工资待遇。此外，还可以考虑将教师参与企业实践的时间计入教学工作量，以便给予相应的补贴或奖励。学校可以与企业合作，为教师提供便利条件，如提供实习场所、设备和材料，以及解决生产安全的问题。这样一来，教师在企业实践期间就能够更好地开展工作，同时也减轻了企业的负担。为了进一步促进教师在企业实践中的积极性，还可以通过拓宽教师的职称评聘渠道，将企业实践作为一项重要的评审指标之一，这样既能够激励教师参与企业实践，也能够提高教师的实践能力和专业素养。

（四）教师层面

教师来源或成为制约教师队伍能力发展的影响因素。教师来源确实会对教师队伍的能力发展产生影响。由于职业教育教师主要来自技术师范院校和普通高职院校，他们在教学之前缺乏企业工作经历，这导致他们的能力不够全面，缺乏实践能力。目前，职业教育教师的培养主要是在普通高职院校或技术师范类学院进行的，所学的知识主要是普通教学论、教育心理学和专业相关知识的叠加。这种学术化的培养过程导致实践缺失，并且教育学科和专业知识的学习与具体的职业行动情境和职业教学行动情境之间缺乏有机的联系。此外，教师的个人成长动力也是一个重要因素。由于职业教育与普通教育的差异，职业教育教师在社会地位、经济待遇、职称评定等方面常常受到歧视，这导致他们容易感到被边缘化，从而影响了他们的发展动力。

教师的职业认同是一个关键问题。职业教育的社会认同度相对较低，这直接影响了职业教育教师对自身职业的认同。此外，职业学校学生的高教育难度和教师的低教学成就感也加大了对教师职业认同的挫伤。研究表明，职业认同对个体职业生涯发展具有决定性影响，低职业认同是导致离职和职业倦怠的关键因素，从而导致教师的职业自豪感缺失和精神面貌不佳，进而严重制约了相关能力的发展[28]。

第四节　教育教学能力优化路径

高职院校专业课教师队伍是高职教育改革和发展的核心环节，全面提升教师能力对于实现高职教育的提质增值至关重要。在教师能力建设方面，可以采取"三师三能"型高职院校专业课教师培养模式，即学业导师、产业导师和创新导师。这一模式旨在培养教师的多元化能力，以适应高职教育的特点和需求。

首先,学业导师是指教师在教学过程中担当学生学业指导和辅导的角色。提升教师的思政素养、专业素养和信息素养,能够更好地引导学生的学业发展,促进学生的全面成长。其次,产业导师是指教师在校企合作中发挥作用的角色。教师需要具备校企合作资源整合与应用能力,能够将企业资源与教学相结合,培养学生的实践能力和职业素养,提高学生的就业竞争力。最后,创新导师是指教师在技术技能积累、创新能力培养和社会服务方面的角色。教师需要不断提升自身的技术技能,积极参与创新研究和社会培训开发实施,为学生提供创新创业的支持和指导。通过开展"三师三能"型高职院校专业课教师能力建设,可以使教师全面提升自身的能力,更好地适应高职教育的要求,并为学生的成长和发展提供有力的支持。同时,也需要学校和教育部门提供相应的支持和资源,建立完善的培训和评估机制,确保教师能力建设的有效实施。

一、基于人才培养视角,打造四能并进的学业导师

①强化技术技能人才职业精神培养,提升教师思政能力。作为高职院校专业课教师,提升思政能力和培养职业精神确实非常重要。师德师风建设是教师思政素养的重要内容,可以通过以下途径来实现:一是强化师德师风建设,将师德师风作为教师评价的重要标准,并设立师德负面清单,对违反师德的行为进行严肃处理,以强化师德评价的约束力。二是创新师德学习实践,组织新教师入职宣誓仪式,让教师在职业生涯初期就树立正确的职业理想和道德追求;开展"四有好老师"评选,充分肯定师德表现突出的教师;全面推进课程思政与思政课程同向同行,通过课程设置和教学方法的改革,将思政教育与专业课程有机结合。三是加强全员师德培训,将师德师风培训纳入教师培训的必要内容,通过培训课程和活动,提高教师的师德意识和思政育人意识,同时也可以借助先进的教师师德典型和事迹,激励教师们积极向上。通过以上措施,可以提高教师的师德素质和思政能力,为促进职业技能和职业精神的高度融合提供良好的政治前提。同时,还需要建立健全的教师培训机制和评价体系,不断提升教师的综合素质和能力。

②强化技术技能人才的专业能力培养,提升教师专业素能。要精准培养学生的一技之长,提升人才培养的适需度,打造技术技能人才培养高地,首先要提高教师的专业技能。围绕技术技能人才专业基础能力、专业核心能力、专业拓展能力、专业创新能力等,多阶递进促进教师可持续发展,打造一批行业有权威、能够改进企业产品工艺、解决生产技术难题的骨干教师、行业企业领军人才、大师名匠。就培训阶段而言,从初入职场的新手期到逐步发展为骨干教师的成长适应期,再到专业带头人乃至行业领军人才的精英提升期,基于每一阶段教师成长的核心能力,设计不同的培训任务和培训路径,构建适应教师专业能力不断提升的终身教育模式。就培训方式而言,根据各级各类教师专业成长需求设置不同学分目标,建立以学分银行为基础的教师培训管理体系,为教师自由选择学习内容、学习时间、学习地点提供成长指引。就培训内容而言,围绕思政能力、实践能力、数字化能力、国际化能力、教学科研能力、社会培训服务能力等不同层级能力需求,设计不同培训模块,构建教师企业实践、国外研修、国内访学等不同路径的教师培训内容体系,引导教师不断精进其专业技能[28]。

③强化技术技能人才数字能力培养,提升教师信息能力。大数据、人工智能等现代信息技术在教育教学中广泛应用,以人工智能促进传统专业改造、转型、升级迫在眉睫,这些都依赖教师进一步转变观念,提高自身的信息素养。一方面,要在大数据、云计算、区块链等先导技术与产业链融合创新中,主动对接"数字产业链"和数字经济龙头企业,在专业建设中紧紧融入新业态、新模式、新技术,拓展专业内涵,在推进专业数字化转型升级过程中同步提升教师数字化应用能力。另一方面,要精准研究数字经济对应的岗位群、职业群,建立适应数字经济产业链的课程体系。围绕数字经济创新思维和数字经济技术应用能力,打造面向数字经济的专业教学资源库,建设多媒体、多空间、多平台融合的教学资源,探索数字化教学模式,创设数字化的教学情境,构建以学习者为中心的智慧教育新生态,为无界化、智能化、个性化学习提供基础和前提。

④强化国际化技术技能人才培养,提升教师国际化能力。创设国际化发展平台,提升教师的国际化水平成为服务"双循环"发展格局,建设教育强国、人才

强国的重要一环。对于高职院校专业课教师而言,要充分利用国际国内两个舞台,依托国内留学生培养平台,开设双语课程,培养双语教师,开展留学生学历教育和短期交流项目,积极参加国际化论坛、举办国际职业技能大赛,提升教师的国际化办学能力;设立教师海外培训进修专项资金,建立海外师资培训基地,与国外优质院校开展联合办学项目,引进国际优质职教资源,联合开展学术研究、标准研制、人才培养等,拓展教师的国际化视野,提升教师国际化引进能力;依托鲁班工坊等海外办学项目、海外培训基地,助力企业走出去,校企协同选派教师赴海外开展国际留学生培养培训,在输出国内职教标准和职教资源、开展国际职教援助服务、宣传推介国内职教改革经验中,打造职业教育国际化品牌,提升教师国际化输出能力。

二、基于产教融合视角,打造校企双向融通的产业导师

①着力打造产教命运共同体,提升校企合作资源的整合能力。“双高”建设与产教融合本质上是现代职业教育体系建设工作的一体两面,前者代表高职教育迈向高端、争创一流的目标,后者则是实现这一目标的原则和路径。作为高职院校专业课教师,首先要牢牢把握产教融合的方向使命,强化产教融合意识。其次要通过“引企入校”,吸引行业龙头骨干企业合作共建产教联盟、产业学院,设立校中店、校中厂、技能大师工作室、协同创新中心等载体平台,共同成立专业建设指导委员会、教材工作委员会、产教协作分理事会等管理架构,引聘中高级管理人员、产业教授、技术骨干、大国工匠等人才资源,探索企业资金注入、核心技术引进、管理模式共享、企业智慧引入等校企双元共建形式,与企业共建管理共同体、利益共同体、文化共同体、资源共同体,将优质企业人力、技术、设备等资源纳入学校办学资源,打造利益相关方合作共治开放包容的产教命运共同体,搭建产教融合协同治理平台,提升产教融合整合能力。

②探索面向企业真实生产环境的任务式培养模式,提升校企合作资源的转换能力。高职院校专业课教师要紧紧把握行业企业发展趋势和发展需求,通过各类落地产教融合项目,引入企业深入参与专业建设和人才培养,调整专业设

置,推进专业转型升级,将行业企业发展方向转换为专业建设方向。对接技术前沿,及时将新技术、新工艺、新规范纳入教学标准和教学内容,改革课程体系,校企共同编写活页式教材、教学案例库、在线开放课程等,将企业最新生产技术资源转化为教育教学资源。对接岗位群任职要求,积极参与 1+X 证书试点,共同制定突出职业能力的课程标准、教材标准、职业技能等级标准、实习实训标准等系列标准,及时将职业技能等级证书、职业技能等级标准与学历证书、专业教学标准相结合,将企业技能标准转换为人才培养标准。对接生产过程,通过"引校入企",校企共建教师企业工作站、企业工作室、企业实践基地等,校企联合探索现代学徒制和企业新型学徒制培养模式,利用企业真实项目开展实习实训,基于企业实景的人才培养方案、课程标准、教学场景,建立基于目标任务导向、基于工作过程,以企业为主的考核评价标准等,实施"招工即招生、入企即入校、企校双师联合培养"为主要内容的校企联合人才培养机制和工学结合的人才培养模式,将企业生产过程转换成人才培养路径,从根本上解决人才培养与社会需求相互脱节的问题。

三、基于高质量发展视角,打造赋能"三大变革"的创新导师

推进技术技能积累和创新既是职业教育高质量发展的使命,也是提升企业核心竞争力的有效途径,打造一支具有较高社会服务能力的高水平教师队伍,则是企业实现人力资本的积累和培育,助推企业转型和创新发展的必由之路。具体来说:

①以推动高质量发展的动力变革为支撑,提升教师技术技能积累和创新能力。创新成为高质量发展的第一驱动力。对于高职院校专业课教师而言,要积极对接产业高质量发展需求,探索从科技创新到创业实践的"科创融合"机制,柔性引入校外企业和科研院所专家,打造跨专业跨行业的混编项目团队,提升组团实施重大科技攻关项目的能力。完善教师绩效考核评价体系和职称评审制度,将应用技术研发成果转化与社会服务成效等作为职称评聘和工作绩效考核的重要内容,激发教师开展科技创新服务的积极性。探索形成技术技能积累持

续发展新机制,校企共同搭建科研技术技能积累创新平台,共同开展产品研发、工艺开发、技术推广转化、智库咨询等各类服务工作,让教师在真实项目运营过程中不断磨砺并提升技术技能积累和创新能力。

②以推动高质量发展的效率变革为导向,提升社会培训资源开发和实施能力。坚持"育训并举",适时培养企业急需的高水平紧缺人才,是建设现代产业体系,推动经济高质量发展的重要力量。当前,高职院校专业课教师要紧紧抓住1+X证书、企业新型学徒制等国家重大改革制度,以及社会扩招、乡村振兴等国家重大战略实施机遇期,结合学校优势专业,面向高职院校毕业生、农村转移就业劳动者、下岗失业人员、就业困难人员等重点群体,针对急需紧缺工种、乡村振兴、退役军人培训、特殊人群服务等重点领域,审时度势挖掘培训需求,校企联合开发培训资源、联合组建培训团队,灵活采取送教入企、引训入校等多种途径,提升教师开展技术技能培养培训能力,适时为企业输送高素质劳动者和技术技能人才,解决企业创新发展中的人才瓶颈,提高技术技能人才供给效率,实现供需动态平衡。

四、高职院校开展相关培训

教师培训对于提升教师的信息化教学能力非常重要。高职院校可以设立专门的培训部门,负责制定培训方案,并与教师共同合作确定培训内容,确保培训具有实践性和针对性。同时,培训部门可以根据教师的时间、专业和兴趣等因素,提供多样化的培训选择,满足教师的不同需求。在开展培训之前,进行相关调查也很重要,以了解教师的需求,确保培训的顺利开展。这样的培训模式可以更好地促进教师的专业发展和教学能力的提升。

随着科技的发展,教师的教学方法也应该与时俱进,融入科学技术。应用多媒体进行教学可以更加生动有趣地呈现知识,提高学生的学习兴趣和参与度。同时,教师的教学理念也应不断更新,适应时代的发展。尤其是在高职院校中,一些年龄较大的教师可能还停留在传统的教学模式中,他们的管理理念和教育理念可能也需要及时更新。因此,高职院校专业课教师应该积极学习和提升自身专业能力,关注教育理念的更新,不断适应时代的发展,为学生提供更好的教育服务。

五、国家给予相关的支持

高职院校专业课教师在提升自己的专业素养和能力方面面临一些困难和挑战,国家应该给予相关的政策支持。出台鼓励政策可以激励教师积极主动地参与专业发展和学习,进一步提高教师的教学水平和专业能力。鼓励政策可以包括提供教师培训和进修的经费资助,建立职业教育教师职称评聘制度,为教师提供晋升和升职的机会和渠道。此外,还可以设立奖励机制,对于在信息化教学、职业能力培养等方面取得显著成绩的教师进行表彰和奖励。通过政策支持,教师们将更有动力和热情去提升自己的专业素养和能力,不断学习和掌握新的教学方法和技术,为学生提供更优质的教育。同时,这也有助于提高整个职业教育领域的教学质量和水平。

六、教师积极参加各种技能竞赛

参加技能竞赛确实是提升教师职业能力的一种有效途径。通过参赛,教师可以接触到最新的技术和理念,并与其他教师、企业专业人士进行交流和学习,从而不断提升自己的实践操作能力和教学技能。参赛经历也能够增强教师的自信心和专业认同感,进一步激发他们在教学中的热情。

对于高职院校专业课教师来说,参加具有代表性的大赛尤其有意义。这些比赛通常融合了企业的最新产品、技术和理念,能够帮助教师与企业保持紧密联系,了解行业发展趋势,从而指导自己的教学实践。同时,通过与有经验的教师或企业专业人士的交流,教师还能够获取更多的教学经验和教学改革的思路,进一步提升自己的实践能力。因此,参加技能竞赛是高职院校专业课教师提升职业能力的有效途径之一。不仅可以获得社会的认可,还能够不断发展自身能力,为学生提供更好的教学服务。

七、聘请技术型兼职教师

国际经验显示,聘请兼职教师是确保职业教育职业性的有效途径。兼职教师来自生产一线的技术骨干和工程师,能够有效对接产业和服务经济发展。在美国社区学院,兼职教师的比重一直约在50%。美国社区学院对教师队伍的管理分为全职和兼职两类。兼职教师的个人晋升标准参照全职教师的等级特征,一般分为教授、副教授、助理教授、讲师、教员五个层次。在教师聘用时,制定的教职工资质能力标准包括全职教师和兼职教师两类。例如,美国弗吉尼亚大学兼职教师的相关工作经验、专业技能证书、荣誉获奖等可以作为学历或教学经历的"替代路径"。这种兼职教师制度能够充分利用行业企业人员的实际经验和专业知识,提高职业教育的实践性和职业性。在国内,也可以借鉴这种制度,通过聘请来自企业和行业的技术骨干和工程师,提升教师队伍的实践能力和专业素养,进一步推动职业教育与产业的有效对接。

数字化应用和改造能力是教师提高教学能力的有效支撑。"双高计划"提出"促进信息技术和智能技术深度融入教育教学和管理服务全过程",及时发展数字经济催生的新专业,主动适应"互联网+"循环发展格局,紧跟企业"走出去"步伐,主动对接企业需求点,通过职业教育帮助企业破解"走出去"困境,为其提供技术技能支撑,这需要教师具备教育资源要素和产业资源要素相融合的能力,以产业的国际化引领职业教育的国际化,以职业教育的国际化推进产业的国际化。

第四章　高职院校专业课教师科研教改能力发展研究

第一节　科研教改能力内涵及理论基础

2015 年,教育部《关于深化职业教育教学改革全面提高人才培养质量的若干意见》(教职成〔2015〕6 号)提出,要"加强教科研及服务体系建设""强化教科研对教学改革的指导与服务功能"。2016 年,教育部、财政部颁发了《关于实施职业院校教师素质提高计划(2017—2020 年)的意见》,进一步提出要"重点提升教师的团队合作能力、应用技术研发与推广能力、课程开发技术、教研科研能力,培养一批具备专业领军水平、能够传帮带培训教学团队的'种子'名师"。上述政策文件对职业院校科研应发挥的作用及职业院校教师科研应达到的水平提出了明确要求。

在当今社会,科学技术的发展日新月异,知识与技术更新速度不断加快。高职院校专业课教师如果不了解科学技术的发展态势,对学科前沿动态和趋势缺乏敏感性和探索性,就缺乏自己的教学特色和优势,也难以培养出具有创新能力的学生。教师必须在其自身专业领域中进行科研活动,不断激励自己完善专业知识结构,增强自身的专业技能,提高教学效率,在课堂和实践场地上实现自己的价值,为自身专业化发展提供有效平台。高职院校专业课教师是高职院校整个科研队伍的主力军,其科研积极能力的高低关乎整个高职院校的科研水平和整体实力。

一、科研教改能力概念提出的原则

(一)本土化原则

高等院校蕴含着一个国家、一个民族的文化基因,高职院校专业课教师的教育教学观念在教学行为中也会将这种文化基因进行外在凸显。也就是说,高职院校专业课教师由于受到文化基因的影响,外在表现出来的教学行为、科学研究行为都会隐藏着国家和民族的文化基因,因此文化的传承与发展离不开高职院校专业课教师的教学能力和科研能力。

我国是一个具有五千年文化底蕴的文明国家,从传统文化的角度,高职院校的价值不仅仅在于研究学问、传授知识,还承载着整个社会的价值和担当。有学者提出,所谓"大学之道,在明明德,在新民,在止于至善",正是这种文化传统的集中体现。高等教育首先要所承载的是对"道"的追求和实现,而不只是"术"的训练。这种文化基因沉淀在高职院校专业课教师的思想意识中,并且建构形成了他们的价值系统,体现在科研过程中就是对学生价值观念塑造的高度重视和实践[35]。

(二)时代性原则

在日新月异的快速变革时代,高职院校必须与社会接轨,要能够及时敏锐地捕捉时代的变化,并做出相应的调整和改变,走在社会的前沿。高职院校专业课教师也无法停留在上好课的初级阶段,还要做好科学研究,服务教学,服务社会。具体而言,新时代是全球化的时代、网络信息时代、人工智能的时代,这些时代特征都会烙印在新时代高职院校,进而对专业课教师的科研能力提出挑战。例如,移动互联时代面对大量低头刷手机的学生,教师如何组织自己的教学?教师如何面对手机对课堂教学的现实而严峻的挑战?教师运用现代教育技术手段的能力已经成为现代高职院校专业课教师必备的能力,并且是教师教学学术能力的重要组成部分。

在高等教育领域,全球范围内的慕课时代已经到来。制作慕课视频、整合课程资源、运营推广慕课课程、组织实施翻转课堂、使用雨课堂等,都成了教师面临的要求和挑战。有学者认为,那些沉湎于传统教学,对时代特征和高等教育变化漠然置之不理的教师会被抛弃,因此研究高职院校专业课教师教学学术能力必须正视时代变化下的新能力要素,并提炼出具有鲜明时代特征的科研学术能力,以引领高职院校专业课教师全面素养的发展。

（三）现实性原则

现实性原则强调,对高职院校专业课教师科研学术能力的研究必须考虑国内高等教育的现实背景。当前国内高职院校经历了大众化时期的扩张性发展,正在追求更具质量和特色的理性发展,并在国际化竞争中强调创新性发展。这使得高职院校管理层加强本科教学,提高高职教学质量,对教师科研能力和专业发展提出更高要求,并提供更多培训和发展机会。

与此同时,在双一流学科建设的背景下,国家对学科建设的重视及高职院校科研竞争的加剧,导致"重科研轻教学"成为难以克服的问题。这两种趋势的对抗和矛盾在现实中交织,也是国内科研学术研究受到重视的原因。这些现实背景因素会影响高职院校专业课教师和课堂教学,从而影响高职院校专业课教师的科研学术能力的形成和发展。

此外,高职院校人才培养目标既需要满足国家和社会对创新型高端人才的需求,也需要应对就业压力带来的实用性、职业性人才培养目标。这些内在的矛盾冲突会影响高职院校课堂的教学模式和方法,影响教师对科研的观念和策略。

因此,对国内高职院校专业课教师教学学术能力的研究必须放置在充满矛盾和问题的现实背景下,并充分考虑现实因素对教师科研学术能力的影响。这样的研究能够回应现实挑战,为解决实际问题提供有价值的参考。

（四）实践性原则

科研学术的目的是提升科研的学术地位,将教学提升到学术殿堂的地位。

然而在追求学术标准的过程中,可能过于注重形式化的学术标准,忽视了科研的实践本性。教师是否具有科研学术能力不能仅仅以公开发表教学研究论文作为衡量标准,因为很多质量高、效果好的教师可能并没有发表论文。应强调科研学术能力的实践性,并认为实践性是教学学术能力的重要特征,以及实践才是检验科研成果的重要途径。

教师科研能力并不仅仅体现在发表论文这一方面。教师在教学过程中的实践经验和实际教学效果同样重要。教师通过不断地实践和反思来改进自己的教学方法和策略,以提升学生的学习效果。这种实践经验和教学效果的积累也是教师的科研学术能力的一部分。因此在研究教师科研学术能力时,不仅要注重论文发表,还要考虑教师在实践中的表现和教学效果。

另外,教师科研学术能力的研究也要考虑国内高等教育的现实背景。国内高职院校正面临着国际化竞争和双一流学科建设的压力,高职院校也在努力朝着更加有质量和特色的发展方向努力。这些因素会影响高职院校专业课教师的科研学术能力发展和课堂教学模式。此外,高职院校人才培养目标也存在矛盾,既要满足创新型高端人才的需求,也要应对就业压力和实用型人才培养的要求。因此,研究教师科研学术能力必须考虑这些现实因素,以回应现实挑战并提供有价值的解决方案。

二、高职院校专业课教师科研教改能力的内涵

与普通高等院校教师不同,高职院校专业课教师从满足教学活动需求的视角,要求教师不仅要具备实现教学目的、完成教学任务而具备的知识还应具备实践操作能力及相关素质,即要求高职院校专业课教师要具备"双师"素质。"双"主要指理论知识相关能力与素质和实践操作相关能力与素质;"双师型"教师是指同时具备所教授学科或从事领域理论知识与实践能力的(高职院校)教师。在探讨"双师型"教师科研教改的本质时,对满足教学活动需求、理论知识相关能力与素质和实践操作相关能力与素质、"双师型"教师等系列与"双师型"教师能力本质相关的问题予以系统思考。

对于教师科研学术能力的研究,不能简单地抽象理解,更不能直接套用西方的理论框架。因为教师科研学术能力的发展是受到文化、时代和社会背景的影响的。首先,国内高等教育的现实背景是国际化竞争。在全球化的背景下,国内高职院校需要与国际接轨,提高学术水平。因此教师的科研能力就显得尤为重要,而这种能力的培养应该考虑国内的国情和文化背景。其次,国内高等教育的现实背景是双一流学科建设。为了实现国家战略目标,国内高职院校要推进一批学科向前发展,这就要求教师在自己的学科领域有较高的科研能力以带动学科的进步。此外,教师的实践经验和教学效果也是科研学术能力的重要组成部分。教师的科研能力不仅仅体现在发表论文和承担科研项目上,还应该包括教学实践和教学效果的提升。因此在研究教师科研学术能力时,应该注重实践性原则,关注教学实践和教学效果的提高。

综上所述,研究教师科研学术能力必须考虑国内高等教育的现实背景,包括国际化竞争、双一流学科建设等因素。同时,教师的实践经验和教学效果也是科研学术能力的重要组成部分。因此研究教师科研学术能力应注重实践性原则,并提供有价值的解决方案应对现实挑战。

第二节　科研教改能力结构体系

科研教改能力是教师素质结构的重要组成部分,是教师专业化发展的重要内容。会影响到高职院校的科研水平和整体发展。在高职院校专业课教师科研工作的开展中,有几个关键因素需要考虑。科研动力不足是一个普遍存在的问题,相比于研究型大学,高职院校的科研资源和条件相对有限,这可能导致一部分教师缺乏积极主动的科研动力。此外,高职院校专业课教师在教学任务繁重的情况下,往往难以充分投入到科研工作中。实践能力不高也是一个制约因素。高职院校专业课教师的科研工作往往需要和实际产业结合,解决实际问题。然而,一些教师在实践能力上存在不足,无法有效地将科研成果应用于实际教学和产业发展中。

高职院校专业课教师科研教改能力主要通过科研状态和科研能力两个维度来体现。科研状态包括教师对科研工作的积极度、责任心和创新精神等,而科研能力则包括教师在科研项目申报、科研成果发表、科研团队建设等方面的能力水平。

一、科研状态

(一)科研基础

科研基础是高职院校专业课教师从事科研的前提和依据,指的是高职院校专业课教师为从事科研已经具备的一些基本条件,所有能促进高职院校教师在科研活动中展现能力的有利因素都是高职院校专业课教师的科研基础。教师科研基础主要是指科研活动中内化于教师自身的基本素质,其中包括教师的专业基本素质与教师心理素质。教师的专业基本素质指的是教师在从事某专业教学而必须具备的知识结构和能力,如教师专业知识功底、专业素养、教学组织能力和教学反思能力等,主要可通过教师入职时的学历水平、学位结构及目前的职称水平来体现。教师心理素质则主要是指教师在从事科研活动上所体现的情感与意志力,能很好地调节科研活动与自身内心世界的关系,激发自身对科研的兴趣,为科研活动提供长久不竭的动力。教师心理素质主要通过教师参与科研的主动性来体现。

(二)科研过程

高职院校专业课教师科研过程是科研生态链上各类个体相互发生联系,不断在科研成果上凝聚价值的过程。在这一过程中,每一个参与其中的个体都必须在其自身的生态位上适时地发挥作用,建立和保持与高职院校专业课教师科研能力之间的关系,确保为高职院校专业课教师科研能力充分发挥提供完整的平台。某一元素所造成的任何一个环节的不完整或者缺失都会使得整条科研链受到影响,使得高职院校专业课教师科研能力失去施展的平台,因此高职院校专业课教师科研能力的培养也必须考虑到所在科研链的完整性。除了高职院校专业课教师科研能力这一要素外,推动和衔接这一生态链运行的其他外在要素也要成为考虑的对象,如科研氛围、科研条件的可用性、科研管理制度、科研群体主动性等。科研过程中,只有所有生态元素都具备并且有效发挥作用,保证生态链上各个生态环节顺利衔接,才能使得高职院校专业课教师在原有基础上利用自身的科研能力创造出更多水平相当的科研成果。

（三）科研成果

高职院校专业课教师科研成果是指在教育教学及其专业领域研究范围内,通过实验观察、调查研究、综合分析等一系列脑力和体力劳动所取得的并经过评审或鉴定,确认具有学术意义和实用价值的创造性结果。高职院校专业课教师的研究内容不仅可以是教育理论探索,也可以是教学实践应用,还可以是专业领域新理论、新方法、新技术和新问题的探讨,正是由于高职院校专业课教师研究内容的多样性和探索路径的多维性,使得其研究成果也表现出多种多样的形式。因此在衡量高职院校专业课教师科研成果时,不仅要关注到理论知识方面,还要关注到其在实践应用中的体现。高职院校专业课教师是注重技能教学的"双师型"教师,需要更加注重技术应用方面的理论和知识,在与行业企业进行产学合作时,需要创造性地提出某项技术的改良知识或者寻求某项技术的新应用途径等,这些也是高职院校专业课教师科研成果应该纳入考虑范围之内的。因此高职院校专业课教师在其自身教学实践过程中的现实积累,如新课程的设计开发、教育反思、研究报告等,也应该作为衡量其科研成果的依据。

根据以上分析,高职院校专业课教师科研能力的纵向分析主要通过科研基础、科研过程和科研成果来体现,通过科研能力发挥效果的前后状态进行对比,来考察高职院校专业课教师科研能力在科研链上的现有状态。

二、科研能力

(一)学习能力

学习能力是指人们在正式或非正式学习环境下,通过观察和参与新的体验、把新知识融入已有的知识、从而改变已有知识结构,实现自我求知和发展的能力。固守老本、抛弃新知的人就如同没有源头的一潭死水,无法孕育新的生机和发展。任何一个发展个体都应该具备学习能力,这对于从事教学科研的一线教师显得尤为重要,体现出高职院校专业课教师所具备的科研潜力,是教师不断接触和获取新知的能力,主要包括自学能力和接受能力,涉及理解能力、领悟能力、逻辑思维能力等。学习能力的提高是一个长期的发展过程,它会随着高职院校专业课教师阅历的丰富与知识的拓展而提高,从而推动着教育科研能力的发展。

(二)科研实践能力

科研实践能力是指教师在掌握教育科研知识和方法的前提下,综合运用知识技能解决科研问题的能力,是教师在科研过程中不断总结、提升、运用知识的重要手段,包括发现问题的能力、分析问题的能力和解决问题的能力。基于经验和专业发展意向,高职院校专业课教师能够敏锐地对客观存在的问题进行重新认识和发现,对当时感兴趣的尚未解决的、有待验证的地方产生研究的需要,这就是高职院校专业课教师发现研究问题的能力。一个基于自身成长需要的、具有实践意义的研究课题,往往能够激发高职院校专业课教师参与科研活动的积极性。在发现问题后,能够主动围绕问题开展资料搜集和分析、探寻研究路径和方法,利用自身的理论分析和实践操作不断完善解决问题时所需要的信息和知识储备,并进行科学的推理、分析和论证,这就是高职院校专业课教师在科研活动中分析问题的能力。基于理论资料和实证调查信息的搜集和分析,在尚无现成办法可用时,利用联想、迁移、直觉等能力选择最优路径,组织协调好各种可用资源实现自己的决策,最终将问题从初始状态向目标状态转化直至完成目标,这就是高职院校专业课教师的解决问题的能力。三者都是围绕问题,融合于将未知转化为已知的整个过程,体现了个人理论与实践发展的结合。

（三）科研创新能力

科研创新能力创造是教师职业内在尊严与欢乐的源泉,教师科研创新能力正是这份尊严与欢乐体现的载体,是指教师根据一定的目的,运用一切已知的信息、知识、理论,在科研活动中不断提供具有研究推动作用或者价值的新方法、新思想、新理论和新发明的能力。教师创新能力是教师在自身创新根基和外部环境因素的相互作用中形成和发展的,会随着知识结构的拓宽和教育教学经历、感悟与体验的增多而提升,主要包括创新支撑能力、创新思维和集成创新能力。创新支撑能力是开展创新的基础条件,创新思维是路径,集成创新是结果。因此,高职院校专业课教师科研创新的整个过程就是基于科研创新产生需要的环境、必要的投入和教师的知识储备,采用超常规甚至反常规的方法、视角去思考问题,提出与众不同的解决方案,把各种已有的理论和实践成果有机地组合起来,融会贯通,集合成新成果。

综上,高职院校专业课教师科研能力包括科研状态和科研能力两个维度,科研状态包括科研基础、科研过程和科研成果三个方面。高职院校专业课教师科研能力主要是通过高职院校专业课教师的学习能力、科研实践能力和科研创新能力整体综合体现,三者具有相辅相成的关系,只有三者共同提升,才能使得高职院校专业课教师科研能力得到整体提升。教师只有通过这些能力对其他科研系统因素施加影响,才能在科研活动实践中展现其影响力和支配力,最大限度地发挥自己的科研作用。

第三节　科研教改能力发展存在的问题及原因分析

随着职业教育地位的不断提高,高职院校在师资队伍建设和科研平台搭建方面也有了明显改善,相关科研成果的数量也在逐年增加。高职院校在师资队伍建设和科研平台搭建方面存在一些问题,直接影响到教师的科研能力和创新能力的提高。高职院校的科研基础相对薄弱,缺乏科研带头人、高水平的科研设备和经费支持,这些都会对教师的科研动力和能力造成一定的限制。

大部分高职院校无论是设备条件还是人员素质都与本科院校存在较大差距。其科研基础薄弱,无法有效建立科研梯队,新入职教师在此环境下易陷入科研困境,造成科研能力止步不前。此外缺少科研带头人,降低了教师开展科学研究的动力,丧失了科研竞争力。高职院校科研设备缺乏,科研经费有限,拥有的实验类、分析类设备也较为初级,教师没有科学研究和实验的条件,无法开展高精尖的科学研究。高职院校对自身定位不够清晰,教师所确立的科研方向不准确。高职院校专业课教师大部分是经过高层次教育下的博士或硕士研究生,他们对自己母校的科研状态有一定认识,任职后发现高职院校与本科院校有着较大的区别,用本科院校实施开展科研的方法套用在高职院校行不通,本科院校开展的科研是偏理论研究,而高职院校的科研开展应更偏应用、偏实践研究。以上各种问题的存在,严重阻碍了广大高职院校教师创新能力和科研水平的提高,也是实现"双高计划"亟待解决的现实问题。

一、内在因素

(一)科研意识落后,功利倾向明显

高职院校广大教师受到传统观念的束缚,长期存在着重教学、轻科研的现象,认为科研工作应该是本科院校的任务,而高职院校只要提高教学能力,教会学生操作技能即可。严重阻碍了高职院校专业课教师科研能力的提升和发展。传统观念的束缚、缺乏科研热情、功利主义思想等都是导致这一问题的原因之一。

高职院校需要加强科研支持和资源投入。高职院校应该提供更好的科研基础设施和环境,为教师提供更多的科研机会和资源,鼓励教师积极参与科研活动。此外,高职院校还应该加强教师的科研能力培养,提供相关培训和指导,帮

助教师掌握科研方法和技巧。另外,高职院校科研定位要明确,偏向应用型研究,解决实际问题和推动产业发展。高职院校专业课教师应该准确把握科研定位,将科研成果应用于实际教学和产业发展中,增强科研的实践性和应用性。同时,高职院校还需要加强对科研道德的教育,引导教师树立正确的科研观念,摒弃功利主义思想,注重科研的质量和真实性,避免弄虚作假的行为。

高职院校专业课教师科研能力不足的问题需要从加强科研支持和资源投入、提升教师的科研能力和实践能力、明确科研定位和目标,以及引导教师树立正确的科研观念等方面进行思考,只有这样高职院校的科研水平才能得到有效提升。

（二）科研基础薄弱,创新能力不足

高职院校的科研能力不足主要是由于教师在科研基础、设备条件、科研环境等方面的差距所造成的。首先,在科研基础方面,一些教师缺乏扎实的理论知识和专业能力,这限制了他们在科研中的创新能力和研究深度。其次,在设备条件方面,高职院校相对于普通本科院校来说,设备条件相对较差,这对教师进行科研实践造成了一定的困难。最后,在科研环境方面,高职院校在科研团队建设、科研项目申报和科研成果转化等方面相对滞后,这也限制了教师在科研方面的发展。

高职院校应该加大对科研项目的资助力度,提供更好的设备和实验条件,为教师提供更多的科研机会。同时,高职院校需要加强对教师的科研培训和指导,提升他们的科研能力和实践能力。此外,高职院校还应鼓励教师将科研成果应用于实际教学和产业发展中,加强与行业企业的合作,推动科研成果的转化和应用。另外,高职院校可以通过与企业合作开展科研项目,促进教师与实际生产和行业的深度融合,提高科研成果的实用性和可操作性。同时,高职院校还应鼓励教师开展实践性科研,将科研成果应用于教学实践中,提高教学质量和学生的实际能力。

（三）科研精力受限,团队协作欠缺

高职院校通常侧重于培养学生的实践技能,因此师生比例失衡是一个普遍存在的问题。教师除了教学任务,还需要参与各种额外工作,导致他们无法充分投入科研。此外,评价体系偏重教学成果也是一个问题,缺乏科研的发展氛围和团队合作。首先,高职院校应该加大对教师科研的支持和资源投入,提供更好的科研条件和设备,鼓励教师参与科研项目。同时,高职院校可以通过建立科研团队、合作研究项目等方式,鼓励教师之间的合作与交流,形成良好的科研氛围。高职院校可以明确科研定位和目标,从社会需求,解决实际问题和推动产业发展的角度开展科研工作,既符合高职院校的特点,也能够激发教师的科研热情。高职院校可以通过改革评价体系,更加注重教师的科研成果,鼓励教师参与科研项目和发表学术论文。同时,也应该重视教师的实践能力和教学成果,综合评价教师的绩效。只有提供良好的科研环境和条件,加强教师的科研能力培养,才能够推动高职院校的科研发展。

二、外部因素

教育部对职业院校综合水平的评价指标主要集中在技能大赛、教学成果和教学团队等方面,相对较少关注科研能力和水平。这导致了职业院校在科研方面的发展相对滞后。

对于职业院校来说,与本科学校相比,知名度较低,获得企业横向课题的机会也相对较少。横向课题一般涉及更深的理论和技术,对个人的科研水平要求较高。此外,纵向课题往往受申请条件和要求的限制,职业院校获取这些项目的途径相对有限。另外,学校政策对科研的支持和激励力度不足,也导致教师更愿意投身于教研活动,参加大赛、课程建设和教研课题以应对学校的考核评级。这使得教师在科研方面投入的精力和时间有限,更偏向于教学和教研活动。

职业院校可以加强与企业的合作,增加横向课题的机会,提高教师的科研水平。同时,学校可以制定更明确的科研政策,提供更多的科研支持和激励措施,鼓励教师参与科研项目和发表学术论文。此外,教育部也可以在评价指标中增加科研相关的内容,更全面地评估和认可职业院校的科研成果。提升职业院校科研能力的问题需要全社会的共同努力,学校、教育部和企业等各方应加强合作,提供更好的科研支持和资源,推动职业院校的科研发展,为学生提供更高质量的教育。

（一）职业院校管理体制

部分职业院校在科研管理机构、管理制度、考评体系与激励机制等方面存在诸多不足,导致职业院校科研管理缺乏专业性与科学性,直接影响教师开展科研工作的积极性与主动性。一方面,职业院校的科研管理机构相对薄弱,缺乏专业性和科学性,导致科研工作的组织和协调能力不强。另一方面,科研管理制度和考评体系也需要进一步完善,以激励教师积极开展科研工作。

在科研管理机构方面,职业院校可以设立专门的科研管理部门,负责科研项目的申报、管理和评估工作。该部门可以由具有科研经验和管理能力的人员组成,以确保科研工作的专业性和科学性。同时,科研管理部门还可以提供教师科研的培训和指导,帮助他们提高科研能力。

在科研管理制度和考评体系方面,职业院校可以建立科研项目的申报、审批和管理流程,明确科研项目的目标和要求。同时,可以设立科研成果评价体系,将科研成果的质量和影响力作为评价教师绩效的重要指标。这样可以激励教师积极开展科研工作,提高他们的科研积极性和主动性。此外,为了推动职业院校科研能力的提升,还需要加强科研支持和资源投入。职业院校可以加强与企业和研究机构的合作,共享科研设备和资源,提高教师开展科研的条件和环境。同时,还可以鼓励教师将科研成果应用于实际教学和产业发展中,促进科研和实践的结合,提高科研成果的转化率和应用价值。

（二）科研平台

高职院校在科研平台上与普通本科院校相比存在较大差距。国家实验室和省部级重点实验室等科研平台在高职院校中相对较少,这导致教师在开展科研工作时面临了一定的困难。高职院校的科研设施设备、场地和经费等方面也存在不足。科研设施设备的更新和维护成本较高,这对于一些资源有限的高职院校来说可能会造成一定的困扰。而且,高职院校的经费主要集中在教学方面,科研经费相对较少,这也限制了教师开展科研工作的条件。

（三）氛围与团队

由于职业院校的经费主要集中在教学方面,教师的科研工作相对受限,导致校园科研氛围不足。这也使得职业院校的科研工作相对较少,教师的科研经验相对不足。相比于研究型大学,职业院校的教师在科研经验方面确实存在一定的差距。职业院校的教师往往缺乏科研项目申请、科研团队建设,以及科研成果转化等方面的经验。此外,职业院校的教师也需要适应应用型特点的科研工作,将科研成果与实际教学和产业发展相结合。

高职院校应加强对教师的科研培训和指导,提高教师的科研能力。可以组织一些科研方法和技能的培训,引导教师进行科研项目申请和科研成果转化等工作。同时,职业院校也可以邀请有丰富科研经验的专家学者来校提供科研指导和支持。加强科研团队建设,可以鼓励教师组建科研团队,通过合作研究、资源共享等方式提高科研工作的质量和效率。同时,也可以引进一些具有科研经验的人才,提高科研团队的整体水平和能力。科研工作应紧密围绕实际问题和产业发展展开,解决实际需求,推动产业发展。职业院校也可以与行业企业等进行合作,将科研成果应用于实际教学和产业发展中,提高科研的实际效果和应用价值。

（四）科研渠道狭窄,平台建设滞后

高职院校的科研能力受限主要是由于基础设施和资源的不足,以及科研环境的不完善造成的。首先,高职院校在科研基础方面存在差距。一些高职院校缺乏先进的实验室和设备,这限制了教师进行高水平科研的能力。此外,科研经费的投入也相对较少,难以支持教师们开展科研项目。其次,高职院校的科研环境相对薄弱。与普通本科院校相比,高职院校的科研团队建设和科研管理体系相对滞后。高职院校需要加强科研管理制度的建设,提供更好的科研支持和服务,以激发教师的科研热情和创新意识。

高职院校可以通过引进先进的设备和技术,提升实验室和科研平台的建设水平。同时,加强与行业企业的合作,打通产学研用链条,提供教师与行业企业合作的机会,使教师能够了解和接触到最新的科技发展前沿。高职院校还应注重提升教师的科研能力和实践能力。加强师资队伍建设,提供教师培训和学术交流的机会,激发教师的科研兴趣和创新能力。鼓励教师将科研成果应用于实际教学和产业发展中,推动科研成果的转化和应用。

高职院校在科研能力的提升上面临不少挑战,但只要加强科研支持和资源投入,提升教师的科研能力和实践能力,以及推动科研成果的应用,就能够逐步提升高职院校专业课教师的科研水平。

第四节　科研教改能力优化路径

相比于普通本科院校,高职院校在科研基础、设备条件、科研环境等方面存在较大差距,这严重阻碍了高职院校专业课教师科研能力的提高。高职院校应该加强科研支持和资源投入,提升教师的科研能力和实践能力。通过增加科研项目的数量和规模,提高科研经费的投入,改善科研设备的条件等方式来改善科研环境。同时,还可以加强教师的科研培训和交流,提高科研水平和创新能力。另外,高职院校也可以鼓励教师将科研成果应用于实际教学和产业发展中。通过与企业合作、开展技术转移和成果转化等方式,将科研成果转化为实际应用,既可以提高教师的科研动力,也可以促进产学研结合,推动地方产业的发展。此外,高职院校也应该明确自己的科研定位和目标,根据自身的特点和定位,确定科研方向和重点。高职院校的科研应该注重应用、实践研究,注重解决实际问题和推动产业发展。总的来说,解决高职院校专业课教师科研能力不足的问题需要从多个方面入手,包括加强科研支持和资源投入、提高教师的科研能力和实践能力、鼓励科研成果的应用等。这样才能够推动高职院校专业课教师科研能力的提升,实现高职院校的双高发展目标。

一、做好顶层设计

职业院校应做好内部管理工作,为提升教师科研能力注入源头活水。首先,在科研工作的定位上,职业院校应根据自身特点和办学定位选择科研方向,并将科研工作与产业发展相结合,确保科研成果能够为实际应用服务。其次,建设科研管理团队,合理设置岗位,明确人员职责,通过开展讨论会等形式,加强科研管理人员的交流与合作,优化科研管理理念和制度,提高科研管理质量。最后,优化科研考核体系,与企业合作成立学术委员会,评价科研成果的实用性和推广性,并根据实际情况延长考核周期,确保科研工作的顺利进行。通过这些措施能够帮助职业院校加强科研工作,提升教师的科研能力。同时,职业院校还应注重科研资源的投入,提供良好的科研环境和设备条件,鼓励教师积极参与科研项目和学术交流,提升他们的科研能力和实践能力。

优化科研内外支持机制是提升高职院校专业课教师科研能力的重要途径。建立健全科研经费保障制度,加大对民办高职院校的支持力度,可以为高职院校专业课教师提供更多的科研经费支持,促进科研活动的开展。同时,建立科研团队合作机制,组建专业相似的科研团队,实行强带弱帮扶制度,可以提高教师整体的科研能力。此外,在职前阶段和职后阶段进行科研培训,帮助高职院校专业课教师了解科研的概念和意义,并提供针对性的培训,可以增强教师的科研能力和方法。通过这些措施,可以提升高职院校专业课教师的科研水平,推动高职院校的科研工作发展。

二、深化校企合作

构建现代职业教育制度,深入推进产教融合,是提高职业院校教师科研能力的重要途径。首先,与企业建立技术服务提供关系,挖掘科研内容。通过与企业合作,职业院校可以从企业一线获取科研项目,同时帮助企业解决实际问题。此外,建立协同创新中心和研发中心等校内科研平台,可以有效集结校企双方的科研资源。其次,建立校企双向沟通的科研信息平台,打通职业院校与企业科研信息流通的渠道。通过建立科研信息库,职业院校和企业可以共享科研需求、最新技术动态和产业政策等信息,促进校企合作。职业院校还应争取地方政府的支持,构建政府主导、行业指导、企业参与的办学机制。与行业企业共同建设"产学研用协同发展共同体",研究教学、科研、服务协同发展模式。将应用技术型科研课题作为重点,关注生产技术转型升级、扩产和员工技能培训等方面。最后,推动教师参与企业挂职锻炼,直接参与项目研发和实施过程。教师可以与企业工作人员共同制定实践方案、整理数据、撰写研究论文和转化科研成果,提升实践能力和科研能力。此外,在教师科研工作推广方面,应合理制定教师收益分配制度,鼓励教师参与科研工作,营造优质科研氛围。

总之,通过加强校企合作、提供科研支持和资源投入,促进教师实践能力和科研能力的提升,职业院校可以有效推动区域经济发展,实现产教融合的目标。

三、开展校企合作项目课题研究

①搭建课题研究校企合作平台。建立课题研究校企合作平台的目标是通过培养骨干教师的科研能力,将其发展为具备创新科研能力的专家型学术带头人。这将有助于教师掌握科学研究方法,加强其在发现、分析和解决课题研究中实际问题的能力。通过这种方式,可以最大限度地挖掘教师的潜力,提升其综合素养,为职业教育科研工作的高质量发展夯实基础。其中一个具体的做法是将企业需要开发的产品作为校企合作的课题,组织骨干教师与企业员工共同开发软硬件配套的新产品,同时实现教师科研能力培养与企业产品研发的同步。

为了保证研究的有效进行,建议职业院校与企业共同制定校企合作课题研究方案,并做好"四控"工作:一是控制人数,以保证人员素养。职业院校应确保参与研究的教师总人数在十人以内,并协调各专业骨干教师和学科带头人的比例,以便参与科研工作的教师能够开展不同层次的交流。此外,企业也应注意协调项目组结构,确保项目组包括高、中、低三个层次教研能力水平的成员,并通过"传、帮、带"来提升教师的科研能力。二是控制内容,以保证研究的有效性。课题合作应聚焦到某一中心内容,确保研究人员围绕某一主题开展交流活动。此外,校企合作课题研究应能够推动企业转型升级,并为解决教学中的重难点提供新思路。因此课题应具有一定的难度,切实提升教师的科研能力。三是控制过程,以保证工作的有序进行。校企合作课题研究应主要集中在节假日等空闲时间进行,并定期由企业技术总顾问组织开展讨论会议,解答课题研究过程中出现的问题。必要时,企业还可以组织专题研讨会或培训,安排相关技术人员协助解决产品研发中出现的问题,以满足教师的真实需求,保证研究工作的有序进行。四是控制质量,以保证研究成果的质量。控制质量意味着研发出来的产品能够全面应用于教学,并能够解决教学中存在的问题。同时,也要确保企业研究经费充分发挥作用,实现提升教师科研能力的目标。通过以上措施,职业院校可以搭建起课题研究校企合作平台,促进教师科研能力的提升,并为职业教育科研工作的高质量发展做出贡献。

②优化以教师为中心的校企合作课题研发过程。校企合作课题研究的六个环节和细致分工的建议是非常实用和有效的。在这个过程中,企业的参与和支持起到了至关重要的作用。企业的技术部门可以提供必要的技术支持和协助,解答教师的疑惑,并审核方案的可行性。生产部门可以负责加工所需的零件,帮助教师完成产品研发。教师则承担起撰写设计方案、编写专利和论文等任务。另外,企业技术总导师的三次相关方面的检查也非常重要。通过这些检查,可以评估教师的工作能力和团队组织能力,帮助教师明确自身的优势和不足,并为调整工作方向提供参考意见。这样的检查和指导可以帮助教师不断提升科研能力,更好地完成合作研究项目。

总的来说,校企合作课题研究的细致分工和检查评估环节的建议都有助于提升教师的科研能力,推动职业院校与企业之间的合作更加紧密和有效。同时,这种合作也有助于将科研成果应用于实际教学和产业发展中,促进产学研结合,推动双方的共同发展。

四、加强师资队伍建设,充分调动教师教科研工作积极性

①积极培育高职院校专业课教师的科研自主意识。对教师个人而言,要正

确认识科研与教学关系,内化研究者角色。科研与教学相辅相成,二者协同才能促进教师专业化发展。对学校而言,要合理拉近教师与科研的距离,增强教师内在驱动力。高职院校应在科研时间管理、科研经费保障、科研团队建设等方面给予相应的支持,帮助教师在教育教学实践过程中找到其热衷的科研方向。

②加强高职院校的科研支持和资源投入。高职院校应该注重科研设备的更新和升级,提供先进的科研设施和实验条件,为教师提供更好的科研环境。同时,加大科研经费的投入,支持教师进行科研项目的申请和开展。这样可以激发教师的科研热情,提高他们的科研能力。

③加强高职院校专业课教师的科研能力培养和实践能力培养。学校可以组织一些科研培训和学术交流活动,提供相应的培训课程,帮助教师提升科研能力。此外,学校还可以鼓励教师参加一些科研项目,提供机会让他们亲自参与科研实践,培养实践能力。

④鼓励将科研成果应用于实际教学和产业发展。高职院校应该加强与企业的合作,将科研成果与产业需求结合起来,推动科技成果的转化和应用。同时,学校还应该加强与教育部门的合作,将科研成果应用于教学改革和教育实践中,提高教学质量和效果。

⑤明确高职院校的科研定位和目标。高职院校的科研应该偏向应用、实践研究,解决实际问题和推动产业发展。学校可以制定科研发展计划和目标,明确科研的方向和重点,提高科研的针对性和实效性。

⑥加强科研管理团队建设。学校可以建立科研管理团队,负责科研项目的管理和协调,提供科研支持和服务。同时,要加强对科研人员的管理和激励,建立科研人员的奖惩机制,激发他们的科研热情和创造力。

⑦构建科研管理制度。学校可以建立健全科研管理制度,明确科研项目的申请和审批流程,规范科研经费的使用和管理。这样可以提高科研项目的管理效率,保障科研经费的合理使用。

⑧优化科研考核体系。学校可以建立科研考核体系,将科研成果纳入教师绩效考核的重要指标之一。通过考核激励,可以提高教师的科研积极性和创造

力,促进科研能力的提升。

五、高职院校专业课教师科研协同创新

参加技能大赛是提升职业院校教师科研能力的一种有效方式。通过参与技能大赛,教师和学生可以深入研究赛题,并结合实践技能进行科学研究。这不仅能够提高教师和学生的专业素质,还可以培养科创技能型人才,为社会发展提供更多有价值的人才资源。

除了参加技能大赛,还需要从多方面入手进一步提升职业院校教师的科研能力。首先,需要加强科研支持和资源投入,提供更好的科研设备和环境。其次,要提高教师的科研能力和实践能力,鼓励他们积极参与科研项目和课题研究。最后,也应该鼓励教师将科研成果应用于实际教学和产业发展中,提高科研的实用性和应用价值。在科研管理方面,可以树立科研工作新观念,强化科研管理团队建设,构建科研管理制度,优化科研考核体系等。综上所述,通过参加技能大赛和采取其他措施,可以有效提升职业院校教师的科研能力,为培养科创技能型人才和促进社会发展做出贡献。

第五章 高职院校专业课教师创新创业能力发展研究

第一节 创新创业能力内涵及理论基础

《国家中长期教育改革和发展规划纲要(2010—2020 年)》总体战略中提出："职业教育要面向人人、面向社会,着力培养学生的职业道德、职业技能和就业创业能力。到 2020 年,形成适应经济发展方式转变和产业结构调整要求、体现终身教育理念、中等和高等职业教育协调发展的现代职业教育体系,满足人民群众接受职业教育的需求,满足经济社会对高素质劳动者和技能型人才的需要。"2015 年 5 月,《关于深化高等学校创新创业教育改革的实施意见》发布,该文件中着重强调,2015 年起全面深化高校创新创业教育改革。2017 年取得重要进展,形成科学先进、广泛认同、具有中国特色的创新创业教育理念,形成一批可复制可推广的制度成果,普及创新创业教育,实现新一轮大学生创业引领计划预期目标。到 2020 年建立健全课堂教学、自主学习、结合实践、指导帮扶、文化引领融为一体的高校创新创业教育体系,人才培养质量显著提升,学生的创新精神、创业意识和创新创业能力明显增强,投身创业实践的学生显著增加。2017 年 12

月,2018届全国普通高职院校毕业生就业创业工作网络视频会议召开。此次会议提出要深入学习贯彻党的十九大精神,按照教育部党组的要求不断将教育向前推进,以钉钉子精神落实好各项重点任务,促进高职院校毕业生利用多种方式进行就业创业,努力实现更加充分更高质量的就业。通过以上文件和会议出台的各项重大政策,可以看出我国鼓励、支持高职院校开展创业教育。

一、创新创业相关概念

(一)创业

创业(entreneurship)一词含义丰富,指个体能够在就业渠道之中探索自我发展机会的一种行为,主要的特点是自主性和创新性。创业一词的历史在我国可以追溯到很久以前,颜师古注:"创,始造之也。"《孟子·梁惠王下》:"君子创业垂统,可为继也。""业"在《现代汉语词典》里面的解释诸多,有事业、工作、学业、专业、家业等不同含义。把创业一词界定为"创立基业"是在我国1986年出版的《辞海》中,这种基业对于广大老百姓来讲是"古代帝王之业",黎民百姓的家产、家业,它是指创立于个人、集体、国家和社会之间的各项事业以及所取得的各项成就。杰弗里·蒂蒙斯在《创业学》中对创业有了新的看法,他认为,创立企业是传统的对创业的说法,现在讨论的创业不仅仅包括创立企业,还包含各个阶段的公司和企业组织在内的创业形式。因此,创业不仅能为企业创造一定价值,也能为所有参与创业者和利益相关者创造和实现一定价值。创业不仅是一个不断创造社会财富、增加社会财富的动态过程,也是一个发现并利用创业机遇、创造出新颖的产品或提供新颖服务并实现其潜在价值的一种过程。

研究认为创业是一项集创新性、挑战性和创造性于一体的活动,是创业者通过识别并捕捉商业机会,对原有的东西进行创造性的革新,整合创业过程中各种各样所需要的资源,借助于一定的组织形式并从中抓住创业机遇、创造出新价值、为社会服务的过程。

(二)创业教育

创业教育(entrepreneurship education)关注人的主体性、创造性和独立性,注重以人为本,目标是全面发展人的各种品质,体现素质教育提倡的创新性,是一种能促进创业活动发生的教育。创业教育的不断发展,能使更多人将来有机会创业,或为创业活动提供新的发展理念。不同的学者关于创业教育的定义界定不一样,本书整理了两类关于创业教育定义的分类方法。

第一,按照广义和狭义进行划分。广义的创业教育认为,创业教育是为了培养学习者的创业素质、开拓创新精神、耐挫品质等,如基本的创业素养和创业心理品质,可以为学习各项创业相关知识打下基础。狭义的创业教育认为创业教育应该更关注学习者的创业能力和创业技能或者创业技巧,如具备开办企业的能力,和就业密切结合在一起,不同的是能够利用创业技能为自己创造就业岗位。

第二,按照国内外不同学者的看法进行划分。国外关于创业教育的看法包括以下内容:首先,重视对个人创新素质的培养,具有开创性特性的人才是创业教育需要的新型人才;其次,强调培养受教育者的能力,尤其是创业技能和创业能力,通过培养能力可以在创业的道路上识别创业机会,锻炼并提高创业能力;最后,非常重视受教育者对相关创业知识的掌握程度和把握商业机遇的能力,目标是让创业者熟练运用知识,挖掘商业机会进行创业。国内关于创业教育的研究相对于国外比较晚,创业教育和创造性相关联,但是也和职业教育不可分割,最终培养的是具有创造性的从事职业劳动的人。创业教育是培养受教育者的创业思维和创业管理技能,应该把创新教育看成是系统地教育,而不仅仅是利用一门课程或者通过一种单一的教育方法来提升受教育者的创业技能和创业能力,应该综合各种教育方式和不同的课程来提升受教育者的创新精神和创业能力。

通过分析上述研究认为创业教育是利用多种多样的教育模式,培养出具有创新精神、创业能力和综合素质高的新型创业人才,这种新型人才具备创造性思维、勇于探索的精神、敢于创业的勇气、精湛的创业技能、良好的心理素质和灵活的创业管理技巧等。创业教育的作用是培养走向就业的创业者,带动社会就业和为社会创造工作岗位,最终推动社会的进步和发展。

(三)创业教育和创新教育的关系

创业与创新两者的内容有相通的地方,它们是紧密联系的统一整体。但是他们也存在一些区别。创业本身所包含的内容有创造、创新和变革;而创新包含的内容则是制度方面创新、管理方面创新和技术方面创新。创业的灵魂表现为创新,创新的表现形式也包含创业。在当今时代背景下,创业必须依靠创新,创新也必须依靠创业,因为创新的程度往往会决定创业的成功与失败;创新能为创业拓宽更多更新颖的领域,产生更多创业机会。同时,创新只有依靠创业作为载体,才有可能转化为生产力,创业也能给创新带来一定的实践经验,加速创新又好又快发展。没有创新的创业很艰难,对于成功的创业者来说,他们会不断保持创新的活力,用发展的眼光来创业。通过以上分析,可以看出创新和创业相辅相成,既有关联也有区别,创业者应该正确把握创新和创业的关系。

创业教育和创新教育是紧密结合在一起为教育做贡献,但是也存在差别。创业教育和创新教育在目标、内容、方法和模式等方面是相通的,因此它们是相互影响,相辅相成的。创新教育更关注受教育者的发展,创业教育则更注重培养人的实践能力,可以看出它们之间的关系是相互促进,但同时又相互制衡的关系。不管是创业教育还是创新教育,它们面向的共同对象都是学生,而最终的目标也都是为了把学生培养成社会的人才,为了高职院校学生的发展,也为了社会的进步与发展。但是创业教育和创新教育在培养人才过程中的侧重点不一样,也就是培养学生的不同素养。创新教育重点培养的是创新精神、创新思维、创新意识和创新能力等素养,旨在学生能够成才;而创业教育主要是培养创业实践能力,旨在学生能够为成家立业做准备。

二、高职院校专业课教师创新创业能力的内涵界定

知识经济时代的到来,意味着知识、信息、技术等成为国家和社会的核心资源、核心资产、核心竞争力,而知识、信息与技术的重要载体是人。科技创新,关键在于人才,人力资源能力建设成为推动科技创新的基础平台。我国提出要建设成为创新型国家,这就要求对人力资源能力建设有清晰、精准的认识,重视人的能力及其发展。我国人力资源能力建设的核心目标是"根据经济发展、社会进步和科技进步的发展要求,把培养创新精神、开发创新能力作为人力资源能力

建设的重要任务"。高职院校是大国工匠的培养重要基地,更应当率先垂范。作为高职院校专业课教师,在向学生传授知识的同时,还要激发学生的创新潜能,促进学生个性发展,高职院校专业课教师创新创业能力的内涵表现在以下三个方面。

其一,在创新人才培养中促进教师能力的创新发展。高职院校专业课教师首先要明晰"培养什么样的人、如何培养人,以及为谁培养人"这个根本问题,把学生培养成为具有担当意识、创新意识、批判精神、世界眼光和实践能力的卓越人才。教师的能力素质发展是学生能力素质发展的前提。教师的生命价值和人格解放对于学生的发展至关重要,这是非常正确的观点。教师是学生成长的引路人,他们的教育理念、学术研究及个人品质都会对学生产生深远的影响。

对于高职院校专业课教师来说,他们的使命是培养创新人才,这需要他们在多个方面进行多维度的培养。需要根据学生的个体差异,采取因材施教的方法,与时俱进,积极参与课程改革、创新实践及评价激励等方面的工作,走向异质化发展之路。同时,教师与学生之间的关系也需要从约束控制转向民主平等。教师应该与学生建立双向互动的"教""学"关系和民主平等的师生关系,激发学生的主动性和创造力。教师还应该从封闭保守走向开放合作,充分利用学校的创新资源和创新要素,为人才培养提供服务。推行产学研联合培养、多学科融合培养、国内外联合培养等方式,为学生提供更广阔的发展平台。教师也需要从追求工具理性转向追求生命价值。通过提升学生的道德特质和心智潜能,使他们具备良好的社会适应力和积极蓬勃的生活态度,以更好地应对激烈的社会竞争。教师的教育理念、学术研究和个人品质都会对学生产生深远的影响,教师应该从多个方面提升自己,为学生的发展提供更好的引导和支持。

其二,在学校科技创新平台上促进教师能力的创新发展。加强对高职院校的发展与国家综合实力的关系有深刻的认识具有非常重要的意义,高职院校的发展水平对国家或地区的经济社会发展质量产生着深远影响。高职院校在科技创新和成果转化方面的作用尤为重要,它们成为产学研相结合的典范,推动了经济的发展。

对于国家来说,建设"双一流"高职院校是一项重要的战略决策。这一举措旨在提高我国高职院校的发展水平,进一步提升国家的综合实力。作为高职院校,不仅要培养优秀的人才,还要成为政府决策咨询的思想库和智囊团。高职院校积极参与国家经济社会发展的战略规划和政策体系的构建,积极参与各级各类重大科技攻关项目的研究,能够更好地促进经济社会发展。

因此,高职院校需要不断加强科研能力和实践能力的培养,提高科技创新和成果转化的水平。政府也需要加强对高职院校的科研支持和资源投入,为高职院校提供良好的科研环境和条件。同时,建立科研管理团队,构建科研管理制度,优化科研考核体系等措施也是必要的。

其三,在参与创新型国家建设中促进教师能力的创新发展。在21世纪,人力资源能力建设已经超越了工业化社会资本替代劳动的阶段,成为推动经济社会发展的关键因素。发达国家在努力推进现代化的道路上,已经形成了科技创新的强大竞争优势。这些国家在科技创新方面的综合指数普遍较高,科技进步贡献率、研发投入在GDP中的比例及对外技术依存度等指标都表现出明显的优势。

要提高一个国家的科技创新能力,人力资源能力建设是至关重要的。这包括培养创新人才、提升科技人员的科研能力和创新能力,以及加强科技人员的国际交流与合作等。此外,政府还应加大对科技创新的支持力度,提供良好的创新环境和条件,鼓励企业增加研发投入,推动科技成果的转化和应用。在高职院校中,培养创新人才是至关重要的任务。高职院校应注重培养学生的创新意识和创新能力,提供良好的科研平台和研究资源,鼓励学生参与科研项目和创新实践,培养他们的科研能力和创新精神。通过加强人力资源能力建设,提高国家的创新综合指数,推动科技创新和经济社会发展,提升国家的核心竞争力和综合国力。

三、理论基础

马克思主义创新理论对教师创新创业能力的结构要素生成具有重要意义。

根据马克思的理论,人的需要是人的能力发展的动力源泉,具有社会历史性和层次性。人们通过生产实践不断改造和发展自身,创造出新的力量和观念,形成新的交往方式、需要和语言。同时,人们的活动也会面临新的问题,产生新的需求。人的需要从低级向高级发展,虽然需要的形式是主观的,但内容是客观的。人的无限性和广泛性的需求要求人的能力也具备无限性和广泛性。

高职院校专业课教师通常具有较高的学历层次,除了具有中小学教师的物质和精神需求,还应具有高成就动机和强烈的自我实现的需要。这些需要主要体现在培养高素质精英人才、产出高水平科研成果等方面。

因此,在高职院校专业课教师能力建设中,需要关注满足教师的需要,激发他们的创新创业能力。这可以通过提供良好的科研环境和资源支持来实现。高职院校可以加强科研基础设施建设,提供先进的科研设备和实验室条件,为教师的科研工作提供有力支持。同时,高职院校也应该加强对教师的培训和提升,提供专业的科研指导和支持,帮助教师提高科研能力和实践能力。此外,高职院校还应该鼓励教师将科研成果应用于实际教学和产业发展中,促进科研成果的转化和应用。高职院校可以与相关产业进行合作,开展科技成果转化项目,为教师提供更多的实践机会和平台,促进科研成果的实际应用和产业发展的推动。

第二节　创新创业能力结构体系

"双创"是一项提升国家创新力的重要政策措施,高职院校的创业创新教学是为国家培养创新型人才、推动"双创"战略的重要方式。高职学生作为"双创"的主要力量之一,而高职院校专业课教师的创新创业教学能力是实现这一目标的基础,高职院校专业课教师的创新创业教学能力直接影响着高职学生的创新创业意识和素养,研究提升高职院校专业课教师创新创业能力的策略可显著推进"双创",促进国家经济腾飞。

一、高职院校专业课教师创新创业能力评价内容

(一)高职院校专业课教师对创新创业教育的重视程度

对于一些高职院校专业课教师来说,可能对创新创业教育持有一种消极态度,认为学生没有创业的条件和能力,从而导致他们在备课和教学过程中不够认真。这种情况确实会影响到教学质量和学生的学习效果。然而,创新创业教育对于高职学生来说非常重要,因为它可以培养学生的创新精神、实践能力和创业意识,提高他们的就业竞争力。因此,需要改变这种消极态度,认识到创新创业教育的重要性,并且努力提升自己的教学质量。

作为高职院校专业课教师应该积极学习创新创业理论知识,了解创新创业的最新发展和趋势,更新教学内容和案例,使其更贴近实际,能够激发学生的兴趣和创造力。同时,也应该关注学生的实践能力培养,提供更多的实践机会和项目实训,让学生能够将理论应用到实际中。此外,学校和教育部门也应该加强对创新创业教育的支持和管理,提供相应的培训和资源,激励教师积极参与创新创业教育,同时加强对教师的考核和评价,确保教师的教学质量和教学效果。

创新创业教育对于高职学生来说至关重要,作为高职院校专业课教师应该转变态度,提升自己的教学质量,为学生提供更好的创新创业教育。

(二)高职院校专业课教师对创业教育课程的开发情况

由于缺乏相关教材和教学体系,高职院校专业课教师需要自行组织课程内容、编制课件、搜集案例及进行实践指导。因此,在评价高职院校专业课教师的创新创业教学能力时,应该将教师对相关课程的开发和设计能力作为重点。

高职院校专业课教师设计的创新创业课程需要具备系统性,从理论到实践让学生全程参与。这样的课程设计能够帮助学生全面了解创新创业的理论知识,同时培养学生的实践能力和创新思维。为了提升高职院校专业课教师的创

新创业教学能力,学校应格外重视创新创业教学的校本课程体系建设。这包括投入教学资源,培训教师的教学技能,提供教学指导和资源支持等方面。同时,学校还应该建立全面的评估体系,以全面指标评估教师的课程设计能力,确保创新创业教学的质量。此外,学校可以鼓励教师之间的合作和交流,促进创新创业教学的共享和合作。教师可以互相学习和借鉴,共同提高创新创业教学能力。

高职院校应该重视创新创业教学的校本课程体系建设,加强对教师的培训和支持,以提升教师的创新创业教学能力。同时,学校还应建立全面的评估体系,确保创新创业教学的质量和效果。

(三)高职院校专业课教师参与创新创业社会实践的情况

创新创业教学是一门实践性较强的学科,需要教师具备实践指导能力和经验。参与创新创业比赛是一个很好的方式,可以让教师与学生一起组队参赛,通过实际项目的开展来锻炼教师的实践指导能力。在比赛中,教师需要与学生合作解决项目中的技术问题,并推动项目最终落地。通过这个过程,教师能够积累更多的实践经验,了解实际项目中的挑战和机遇,进一步提升自己的创新创业实践指导能力。因此在评价教师的创新创业教学能力时,确实应关注其个人的实践指导经验,包括参与的项目和项目的实际成果。这样的实践经验可以证明教师的能力,也能够为教师带来更多的实践案例和教学素材,提高教学的质量和效果。

学校可以鼓励教师积极参与创新创业比赛,提供相应的支持和资源,帮助教师与学生一起开展实践项目。同时,学校还可以建立相应的评价机制,将教师的实践指导经验纳入评估体系,以此来评价教师的创新创业教学能力。创新创业教学需要教师具备实践指导能力和经验。参与创新创业比赛是提升教师实践指导能力的重要方式,教师应积极参与,并通过实际项目的开展来提升自己的能力。学校应该鼓励和支持教师的参与,并将教师的实践指导经验纳入评估体系,以此来评价教师的创新创业教学能力。

(四)高职院校专业课教师对创新创业相关理论的掌握程度

理论是指导实践的基础,但实践也是检验理论的有效途径。在创新创业教学中,教师需要将理论知识与实践案例相结合,帮助学生理解并应用理论知识到实际问题中。教师在讲解理论知识时,可以通过案例分析、实践操作等方式,使学生更好地理解理论的实际应用。同时,教师可以引导学生研究相关行业的发展趋势、市场需求等,以增强学生对创业风险的认知和风险意识。在评价教师的创新创业教学能力时,确实需要重视课程内容的理论体系是否完善,并且要注重理论讲解的深度。教师应该具备扎实的理论基础,能够将理论知识生动地讲解给学生,并能够引导学生进行深入的思考和讨论。总之,创新创业教学需要教师既有扎实的理论基础,又能够将理论与实践相结合,帮助学生理解并应用创新创业知识。

二、高职院校专业课教师创新创业教学能力培养模式

创新创业教学需要教师具备实践指导能力和经验。教师只有在实践中才能真正理解和掌握创新创业的核心要素和方法。因此,教师应该积极参与实践项目,并与学生一起解决实际问题。

参与创新创业比赛是提升教师实践指导能力的重要方式之一。比赛项目通常涉及市场调研、商业模式设计、产品开发等方面,教师可以通过指导学生参加这些比赛,锻炼自己的实践能力和创新思维。同时,比赛项目也会提供实际的问题和挑战,教师可以与学生一起探索解决方案,培养学生的创新创业能力。此外,学校应该鼓励教师积极参与创新创业比赛,并将教师的实践指导经验纳入评估体系。这样可以提升教师的创新创业教学能力,使教学更加贴近实际,避免空谈理论。学校还可以组织创新创业教学培训和交流活动,为教师提供更多的学习和成长机会。

提升高职院校专业课教师的创新创业教学能力需要教师具备实践指导能力和经验,参与创新创业比赛是提升教师实践能力的重要途径之一。学校应该鼓励教师积极参与比赛,并将教师的实践指导经验纳入评估体系,以提升教师的创新创业教学能力。

(一)推行"1+1+N"培养模式

通过聘请经验丰富的外部工作人员和搭配创新创业指导老师,可以提供学

生和教师们在创新创业项目中的实践指导和经验分享。同时,学校和地方政府的资助也能鼓励教师进行创新创业项目,并加强教师的创新创业实践能力。

培养教师创新创业的能力非常重要,高职院校可以通过各种培训方式吸引具有企业工作经验的教师进入学校,营造积极学习的创新创业氛围。建立创新创业导师责任制,提高教师的授课质量,也是提升教师创新创业能力的有效方式。参与专业培训对创新创业教师来说也很重要,这些培训内容包括市场测试、模型开发等,可以帮助教师更好地理解创新创业相关知识,并为教师提供有用的资源。通过外部专家的参与,创新创业教师可以获得丰富的实践经验,从创意概念形成、市场研究、知识产权保护到关系网络搭建等方面都能有切身体会。这样的经历能让教师更好地了解创新创业,并参与到真实的创新创业活动中。

通过这种"1+1+N"培养模式,不仅可以培养学生的创新创业能力,也可以加强创新创业教师队伍的建设,培养出具有丰富理论知识和实践指导能力的创新创业教师。这样的教师能够更好地引领学生从事创新创业活动,使教学更加贴近实际,避免空谈理论。

(二)实行"外引+内生"培养模式

建立合理高效的创新创业师资队伍十分重要,这是确保学校创新创业教育质量的关键。通过外部引进和内部培养相结合的方式,可以优化师资队伍的质量。外部引进的人才可以是来自其他学校、企业或其他机构的人员,不拘一格,但求所用。同时,通过请进来和送出去的方式,让优秀的外部人才为学校的创新创业学科建设和教师培养提供指导,让年轻教师跟随他们学习先进的教学理念、教学方法等,提高教研能力。此外,学校还应积极培养内部的优质人才,与外部人才开展深层次交流,并安排年轻教师向他们学习前沿的创新创业思想,弥补自身在专业知识及实践经验等方面存在的不足。通过这种外部引进和内部培养相结合的模式,可以缓解高职院校师资队伍薄弱的问题,并为学校的发展储备更多的创新创业人才。

(三)强化产学研"融通"培养模式

高职院校、企业和科研院所之间的合作可以促进创新创业教师的培养。学校应该积极搭建交流平台,与外部机构建立合作关系,分享资源和经验。这样可以提升教师的知识转化能力,使教师能够将外部的先进思想融入自己的教学中。

学校还需要注重培养学生的创新创业能力。教师可以与学生一起参与实践项目,解决实际问题。这样可以使教学更加贴近实际,避免空谈理论。参与创新创业比赛是提升教师实践指导能力的重要方式。学校应该鼓励教师积极参与比赛,并将教师的实践指导经验纳入评估体系。通过这些方式,可以提升教师的创新创业教学能力,为学生提供更好的教学服务。

教师进入企业实践、挂职锻炼及与科研院所进行学术交流,可以获取实际的创新创业经验和知识,从而提升指导能力。同时,学校与企业建立双向合作关系,不仅可以帮助学校提升创新创业教学能力,还能为企业提供人才支持,实现双赢。另外,定期举办创新创业论坛和国际会议,邀请行业专家参与讨论,对于促进交流合作、引进新思想也非常重要。这些举措将为培养创新创业教师注入新的动力和活力,进一步推动创新创业教育的发展。

高职院校通过实施不同的培养模式多维度培养教师的创新创业能力,这是非常重要的。引入创业专家进行指导,将实践经验与学生实践相结合,能够帮助教师将所学知识应用到实践中,并借此提升教师的指导能力。这种倒逼自主学习的方式可以促使教师不断学习和成长,逐渐提高创新创业教学能力。

此外,注入外部的新鲜血液,即引入外部专家和资源,能够激发和带动学校的创新创业教师发展。通过建立创新创业教师生态培养体系,学校可以借助多主体的力量来培养教师,如与企业、科研院所等合作,共同推动教师的创新创业能力提升。这种合作模式能够为教师提供更多的机会和资源,让他们能够更好地了解实际创新创业情况,并将这些经验转化为教学内容,使教学更加贴近实际。

通过以上的措施,高职院校可以为教师提供全方位的培养,从而提升他们的创新创业教学能力,为学生提供更好的创新创业教育。

第三节　创新创业发展存在的问题及原因分析

一、创新创业发展存在的问题

(一)缺乏对创业教育的正确认识

1.高职院校存在认识偏差

社会对高职院校进行评价的指标中,招生和就业是相当重要的两个方面,这就导致高职院校专业课教师将创业教育简单地理解为就业指导,对学生的创业教育停留在创业政策、创业形式和大学生创业项目等上面,没有真正发挥创业教育的作用。高职院校在创业教育方面的认识偏差主要表现在三个方面:一是学校层面没有给予创业教育高度的重视,没有意识到创业教育的发展对推动社会进步、大学生成才的关键作用。二是学院(教学系)层面,在教育内容上,主要把专业内容作为核心,未把创业教育和专业教育结合起来,知识结构相对单一,开设的创业教育课程没有达到系统化。三是教师层面,在教育方法上以传统的教师为中心的模式,教师讲授知识点,学生的任务就是接受式地听,没有重点培养学生的探究能力、自主学习能力、创新精神和创业能力,致使不少学生毕业找工作时较被动,且缺乏创业意识和自主创业的勇气、能力,进而使得社会缺乏具有创造性思维、鲜明个性和很强的创业能力的高素质人才。

通过调研部分重庆高职院校就业中心工作人员发现,大多数工作人员认为创业教育的主要目的是让大学生更好地就业,这样能够提升学校的就业率。可以看出,大多数就业中心的工作人员对创业教育缺乏充分的认识,没有对创业教育的深刻见解,他们认为创业教育主要是为了提升高职院校的就业率。觉得大学生创业意识主要靠学生自身,学校能提供的资源是有限的,创业教育只是对大学生创业知识层面的基础性指导,帮助学生掌握一些速成技巧,并未将其视为国家培养高素质、创新型人才的重要过程。

2. 高职院校大学生存在认识偏差

高职院校开展创业教育过程中,很多高职院校大学生片面地认为这只是面向少部分优秀学生的精英教育,只有学习成绩很好或者具有创新想法、创业潜能的少数学生才能参与其中,并培养他们的开拓创新精神、全面提高各方面的素质,他们才能真正成为岗位的创造者和成功的创业者。因此,他们并不把创业教育看作所有的学生都能受益的教育。多数大学生在入学之前并不了解创业教育,入学后的创业教育课程多是选修课,因此他们对创业缺乏正确认识。

通过对重庆市部分高职院校学生开展关于创业教育的调查发现,只有8.09%的大学生认识到创业的重要性,有深思熟虑的创业想法,42.59%的大学生考虑创业,但是想法不多,22.37%的大学生偶尔考虑创业,还有26.95%的大学生没考虑过创业。关于创业教育课程类型,经调查发现有22.91%的大学生不清楚自己学校的创业教育课程是什么类型。关于大学生选修创业课程的目的,有48.25%的大学生是为了修习自己的学分,完成学业,还有16.17%的大学生是应老师的要求选这门课程,表现出一定的被动性。

访谈结果显示,大学生对创业认识不全面,他们更希望工作稳定。被访谈的高职院校大学生中,有的考上了公务员,有的考上了事业编制,还有些大学生虽然没找到工作,但他们表示更愿意找稳定的工作,并不打算创业。他们虽然上过创业课,参加过创业比赛,学到了一些创业知识,但因家长赞同大学生创业,希望他们有稳定工作,考虑到创业风险比较大,所以他们没想过创业。从访谈中可以看出,大学生对创业的看法受到家庭的影响,缺乏自己独立的认识,他们虽然接受过创业教育,但是没有想过应用这些知识去创业。通过以上分析可见,大学生对创业的认识较片面,需要高职院校加强正确的引导,帮助他们树立正确的创业观念。

（二）高职院校创业教育课程体系不完善

课程是高职院校教育教学工作的重要组成部分，涉及高职院校人才培养的方方面面，如教学目标、内容、范围等，课程体系设置是否完善直接影响创业教育的开展。设置完善的课程非常重要，它有助于高职院校实现创业人才的培养计划。但重庆市高职院校创业教育课程存在很多问题，高职院校普遍存在创业课程设置比较散乱，类型单一，数量尚不足，授课次数安排缺乏系统性、专门性等问题，而且这些课程基本上都是以选修课的方式呈现，或者通过举办讲座、举办活动的形式开展，难以满足创业需求。

第一，课程没有将创业教育和专业教育有机结合，未把创业教育融入教学计划、课程计划中，甚至出现两方面教育方向相背离的趋势。大多数重庆市高职院校专业教育课程强调理论知识的重要性，而创业教育课程局限于技能操作方面，没有重视创业教育的创造性培养。根据实证调查研究，重庆市创业教育课程主要是以公共选修课的形式进行，未真正融入专业课教学，选此课的调查对象超半数，导致课程类型不合理，且缺少与专业课程相结合的特色创业教育类课程。

第二，通过实证研究发现重庆市高职院校创业课程数量非常有限。大部分学生只上过一门创业教育类课程，所占比例为 40.43%；上过两门创业教育课程的所占比例为 21.83%；上过三门以上创业教育课程的仅占 9.16%；而没有上过创业教育课程的大学生所占比例为 28.58%。在课程设置方面，体系比较单一，缺乏多元化的创业教育类课程。

第三，课程内容陈旧，有的学校创业教育教材严重缺失，重庆市高职院校对创业教育课程的研究意识较淡薄，未深入研究创业教育的发展历史变革、进程、内容、方法等，致使课程开设流于形式，内容缺乏新颖性，导致学生不能系统地学习创业教育课程。人文教育意识淡薄，把专业课作为核心，知识结构单一乏味，使得学生无法依据自己的兴趣和实际情况选择学习创业教育课程。

访谈结果显示，学校创业教育课程数量太少，上课时间短，缺乏专门化的创业教育教材，缺乏有专业特色的系统化创业教育课程，因此学不到想学的实用性内容。接受访谈者所学创业教育课程主要有大学生就业与创业指导、大学生职业规划等。第二课堂主要是创业教育的各种活动和比赛、创业政策宣传讲座。通过以上访谈也可以看出高职院校创业教育课程类型、内容设置不合理,需要加强改善,构建多维创业教育课程体系。

(三)高职院校创业教育师资力量薄弱

创业教育涉及很多交叉学科内容,对个人的能力要求较高,因此对教师的要求也非常高。重庆市创业教育起步较晚,高职院校创业教育师资队伍不仅在数量上短缺,在质量上也有待提高,其师资力量薄弱主要表现在以下几方面。

第一,师资知识结构不全面,创业教育的学科专业带头人数量匮乏。大部分是由就业办的教师,或者校外聘请的兼职教师担任,专职创业教育教师人数非常少,大部分担任创业教育的教师只经过岗前的短暂培训,其授课内容比较简单,主要讲一些就业政策和创业政策、大学生职业生涯规划课或者大学生在求职过程中的面试技巧等内容。

第二,部分教师并没有企业的工作经验和创业的相关经历,在指导学生时多局限于课本上的理论知识,难以将创业和学科教学紧密结合在一起,也很难在创业活动、创业比赛等实践活动方面给予充分的指导,无法对大学生的创业给予深入、有内涵、专业化的指导。

第三,重庆市高职院校师资结构也不合理,普通文化课的专职教师数量紧缺,创业教育课程方面的教师更是紧缺,只有少部分创业教育发展较好的高职院校配有少许专职创业课程的教师。实地调查显示,选择有专职教师的高职院校大学生不足调查样本总数的20%。重庆市高职院校缺乏"双师型"创业课程教师。"双师型"创业教师在创业教育中起着关键作用,他们不但要教授创业基础知识内容,还要从事创业实践管理方面的工作。目前,重庆市高职院校中的"双师型"教师主要集中在主城地区,其他地区很多高职院校的"双师型"教师都存在一定程度的欠缺。据这些高职院校中担任创业教育课程的教师介绍,目前教师结构比较复杂,创业教育的教师有校外的教师、校内的辅导员、招生就业办的教师等,很少有专门的教师来教授此类课程,教授此类课程的教师大部分属于兼职教师。

（四）大学生创业实践经验不足

高职院校创业教育的发展除了需要创业理论知识，也需要创业实践。创业能力的提高离不开创业实践经验的积累，创业实践活动有助于培养大学生的动手操作能力、人际交往能力和创业理论与实践相结合的能力，有利于高职院校大学生树立良好的创业目标、灵活运用所学创业知识。部分学者调研显示，创业实践时间在3年以上的创业者与创业实践时间在3年以下的创业者，在创新能力、创业能力、资源整合能力、领导能力和机遇把握方面有显著的差异性。

重庆市大学生实践经验不足的表现如下：第一，不积极参加创业实践活动。高职院校虽然开设了创业教育类课程，部分大学生也认真学习创业理论知识，但是多数大学生没有积极地把理论应用到实践中去。实地调查发现，大部分高职院校在学校内部举办的创业类实践活动偏少，校外提供的创业实践基地也不多，即便提供了一些创业比赛活动，高职院校大学生对创业实践活动的参与度仍不积极。只有11.86%的大学生积极参加创业活动，有24.26%的大学生以好奇的心态参加创业实践活动，有28.57%的大学生偶尔参加创业活动，高达35.31%的大学生不积极参加创业实践活动。可以看出，占比例最高的是不积极参加创业实践活动的调查者，对此高职院校及大学生都应给予足够的重视。高职院校需积极开展创业比赛或者创业实践活动，并呼吁大学生积极参加，大学生自身也应积极投身其中。第二，高职院校合作的创业型校外实训基地少，有很多实训基地都是临近毕业的大学生自己找的实习单位，如到学校代课、到企业实习，从事的大都是与创业无关的工作。高职院校较难和校外实训基地取得联系，因此难以利用校外实训基地培养出具有创业能力和创新精神的综合型人才。第三，高职院校举办的创业实践活动数量少，加上举办模式单一，时间不统一，导致创业实践活动经常不能有效开展。校内实训基地场所简易，设备落后，大学生缺乏创业所必需的物资，高职院校又未能及时更新。不管是在校外实习还是在校内参加实训，都缺乏专业的创业实践人员，且这一状况长期得不到缓解。

（五）高职院校创业教育资金投入不足

高职院校创业教育的发展离不开资金的投入，课程的开设、师资的引进、创业实践基地和创业项目等都需要资金的投入,如果没有资金的投入,高职院校创业教育将会很难得到发展。重庆市高职院校在对大学生实施创业教育的过程中,政府、高职院校对于各方面资金的投入不足,高职院校各类创业活动和比赛的总体水平不高,也无法从中得到资金的后援支持。选择创业的大学生,大部分资金来源来源于家庭支持,这就导致大学生创业艰难。再加上创业贷款、创业补贴等政策未切实落实,且宣传力度不足,有些高职院校大学生没有获取相关创业的政策信息,因缺少创业启动资金而放弃创业。

调查结果发现,创业者比例小的原因有 5 个,认为没有适合项目的占比为48.25%,认为创业者缺乏必要的抗挫折、抗压力心理素质的占比为61.73%,认为创业者缺乏吃苦耐劳、艰苦奋斗精神的占比为51.48%,认为创业者缺乏必要的人脉资源的占比为65.77%,但是占比例最高的原因是没有资金支持,占比为80.59%。可见,缺乏资金是一个非常严峻的问题,必须引起高度重视。

访谈结果显示,对大学生而言,创业既是一种挑战,也是一种尝试,在创业的过程中应该能积累很多宝贵的经验,学到很多有价值的东西,但是创业需要资金支持和经验积累,难度较大,且有风险,不得不考虑失败的后果。大学生不愿意创业,一方面,没有资金支持他们创业,大学生自身没什么经济基础,如果选择创业,那就意味着在创业项目真正盈利之前都要依赖别人的资金援助,这对家庭经济情况一般的大学生来说是很困难的;另一方面,他们害怕创业承担风险,担心创业失败后损失之前投入的资金。

二、原因分析

(一)社会层面

尽管高职院校创业教育是以学校为场所开展,但是创业最终还是要走向社会的一种活动,因此社会层面的影响因素不可忽视,社会对创业教育的影响很关键,很多大学生都有从众心理,社会上的普遍看法会影响大学生的创业教育。首先,传统的"官本位"思想对人们的价值取向产生了影响,使得多数人不习惯创新和改变,不鼓励大学生创业。其次,社会政策的保障不足,缺乏配套和可操作性强的政策,影响了创业教育的发展。最后,创业环境较差,社会对大学生创业能力不信任,缺乏创业文化氛围,以及相关法律法规政策不完善等问题,都给创业教育带来了困难。

（二）高职院校层面

众所周知,高职院校是开展创业教育的重要场所,高职院校大学生创业素质是否能够得到提高,高职院校的作用至关重要。对于创业教育实施过程中存在的问题,高职院校层面存在诸多因素。

第一,高职院校片面理解创业教育的目标,误把创业理解为开办企业、创立公司,片面地认为创业教育其实就是培养大学生进行创业的教育,创业教育只是就业指导的一个组成部分,认为提高高职院校的就业率是创业教育的宗旨,若学校就业率高就不必重视创业教育。大部分高职院校没有认识到创业教育实质上是对大学生各种素质的全面培育。创业不只是靠兴趣爱好就能成功的,因为创业涉及管理、市场营销、投资、金融等领域。创业意识、创业能力和创业品质等综合素质才是创业教育取得成功的关键因素。

第二,高职院校创业课程效果不理想。创业教育未和大学生学科专业知识教育紧密结合,很多高职院校创业教育的实施就是开设和创业有关联的基础课程,实施一些与创业相联系的创业实践活动,还未真正融入学校全面育人的结构体系之中。首先,部分专业开设的创业教育课程缺乏针对性、层次性、计划性、系统性和可操作性,创业教育课程内容设置与实践存在脱节现象,学生难以学以致用。其次,有些高职院校为培养学生的创业技能,将创业教育的重点放在有关操作技能的理论学习上,创业指导只重视实际操作,缺乏心理方面的引导,如此缺乏关联且独立的创业教育课程,很容易导致创业教育和学科知识教学、基础文化课知识、专业教育的脱节。

第三,高职院校创业实践活动少,许多高职院校的创业活动局限在创业竞赛,导致创业活动开展范围狭窄,许多大学生无法参与创业活动。目前,重庆市高职院校创业教育的形式主要有创立大学生自主创业中心、创立大学生创业孵化中心、举办创业比赛等,但是由于资金限制、专业不同、个人创业能力不同等因素,这只是少部分人参加的活动。

第四,重庆市高职院校受应试教育的影响,在人才培养过程中习惯选用因循守旧的教学内容,在教学方法上是灌输式的教育,加上高职院校专门从事创业教育的师资力量有限,使得教学模式单一,教学方法缺乏灵活性,实践教育缺乏有效指导与规范,类似"放养"状态,培养出的大学生缺乏积极性、创新性和创业能力。

(三)家庭层面

家庭教育起到基础作用,为学校教育做铺垫。如果家庭鼓励和支持子女创业,将是创业教育顺利开展的重要保障,家庭教育可以影响子女接受吸收各类知识,包括创业知识的学习,因此家庭对大学生创业素质的形成有深远且不可忽视的影响,是大学生创业成功的基石。但是受传统教育影响,大部分家长对创业教育的理解存在一定偏差,忽略了创业教育的价值,他们认为高职院校大学生毕业后应该就业或者继续读书深造,很少赞成大学生毕业后直接创业。

第一,家庭创业意识不强,家长认为创业者不像有工作的人稳定,随时可能会承担创业失败的风险。

第二,家长认为子女可能会远离父母去外地创业,承受很多压力,是一件辛苦的事业。大学生在校的任务是学习并掌握科学文化知识、专业课知识,只有把这些知识学好将来才能有一份稳定的、体面的、高收入的工作,这是一种保守求稳的就业心态,与创业教育的敢于探索、不断创新的理念相反。

第三,家庭承担经济风险的能力差。很多家长不相信学生能成功创业,很多家庭都是经济条件一般的家庭,承受不起失败的风险。家长这种观念传输给学生后,让学生更加没有自信、没有勇气创业,因此学生关注的是书本知识和学习成绩,而没有注重其他方面的发展,如创新能力、探索精神、人际交往等,学生缺乏创业过程中需要的这些能力,创业意识淡薄。家庭对创业活动的不理解、不支持,非常不利于大学生进行自主创业,阻碍创业教育向前发展。

(四)个人层面

高职院校大学生作为接受创业教育的主要群体,也是创业实践活动的主要践行者,他们对创业起着至关重要的作用,创业教育存在许多问题,从大学生层面来看,存在不少影响因素。

第一,大学生在观念上对创业活动存在认识偏差,没有正确转变自己的就业观。当今社会的大学生还是倾向于公务员、事业编、国企等"铁饭碗"工作,没有将创业纳入自己的就业规划中。这种认识上的不足导致大学生对创业教育的学习仅限于获得学分、完成学业。他们认为应该专注于自己的学习任务,而不是创业教育的学习,因此大学生需要转变创业观念,做好创业准备。

第二,大学生的个人性格、特质对创业教育的影响。由于有些大学生内向、不自信、孤僻胆小,不能面对生活中的困难,进而影响他们创业。同时,部分大学生缺乏创业教育中提倡的吃苦耐劳、敢于冒险、直面挫折的品质。很多大学生自小成长在优越的环境下,没有锻炼过吃苦耐劳的精神,而高职院校创业教育的发展离不开大学生的努力,大学生需要在教师的引导下培养自信、乐观和敢于面对挫折的品质。

第三,在创业成功的道路上,需要知识储备、敏锐的洞察力、风险感知能力、良好的社交能力等。部分有创业想法的大学生,如果缺乏上述创业准备将不利于开展创业。如创业知识准备不充分、创业技能不娴熟、缺乏创业管理经验等。

第四节 创新创业能力优化路径

为逐步缓解创新链、技术链与产业链间的结构性失衡,以及突破创新驱动的瓶颈,本节基于主体政策、要素政策、关联政策及市场政策,提出高职院校专业课教师科技创新能力成长的培育路径,有助于提升高职院校专业课教师的科技成果产出质量与后续转化效益。

一、以主体政策引领高职院校专业课教师创新提炼能力

高职院校专业课教师应基于市场需求增强创新创业教育意识,提高科研产出成果。为提高高职院校专业课教师的科技创新能力,可以采取以下措施:一是树立市场导向的选题意识。学校可以通过引入企业合作项目、产业需求调研等方式,帮助教师了解市场需求,从而针对性地确定科研选题。同时,可以建立科研项目评审机制,将市场需求作为评审指标之一,鼓励教师选择具有应用潜力的研究方向。二是开展实践导向的科研培训。学校可以组织针对教师的科技创新培训,重点培养教师的实践能力和市场意识。培训内容可以包括市场调研、技术转移与转化、知识产权保护等方面的知识和技能。三是搭建科技创新平台。学校可以建立与企业合作的科技创新平台,为教师提供与企业合作的机会。通过与企业合作开展科研项目,教师可以更好地了解市场需求,提高科技创新能力。四是推动教师参与创新创业比赛。学校可以鼓励教师积极参与创新创业比赛,通过与学生一起参与实践项目,解决实际问题,提高教师的实践指导能力和经验。通过以上措施的实施,可以助力高职院校专业课教师提高科技创新能力,使其科研成果更加贴近市场需求,推动科技成果的转化与应用。

加强前期经济素养教育,通过经济学知识的指导,可以帮助教师在实践中将理论与实践相结合,从而更好地面向市场需求进行选题和创新创意的提炼。这有助于增强经济社会发展活力,实现科技人才发展与经济社会发展的深度融合。同时,完善后期人才评价导向也非常重要。建立发展性评价理念,能够发挥评价的诊断功能,帮助教师识别和解决科研活动中的问题和障碍。同时,多元评价主体的参与也能够更全面地评价教师的创新创业能力,实现更加科学、有效的人才评价。这些措施将有助于提升高职院校专业课教师的创新创业教学能力,推动创新创业教育的发展。

高职院校专业课教师科技创新能力的成长需要注重以下几个方面:一是教师的科技创新积极性。学校可以鼓励教师参与科技项目申报和科研论文发表,

提供相应的支持和奖励政策,激励教师积极从事科技创新活动。二是合理划分各方在评价中的角色定位。学校、政府、市场和第三方机构应各负其责,在人才评价中发挥各自的作用:学校应提供培训和支持资源,政府应提供政策支持,市场应提供实际需求,第三方机构可以提供评价和指导。三是确定评价标准。评价标准应结合市场评价和社会评价,综合考虑教师的科研成果、科技项目实施情况、科技成果转化效果等因素,并根据不同的科研方向和实际需求进行差别化评价。四是人才评价周期。评价周期可以根据不同的科研项目和成果的特点进行灵活调整,以便更好地激发教师的科研创新行为和积极性。评价指标体系也应根据评价周期的不同阶段进行优化,使评价更加全面和准确。通过以上措施,可以提升高职院校专业课教师的科技创新能力,促进科技创新在高职教育中的应用和发展。

进一步深入实施分类评价。分类评价是提升高职院校专业课教师科技创新能力的重要手段。根据教师职业成长、科研发展规律和岗位特征,有针对性地设置评价标准,可以更好地激发教师在科技创新中的积极性和创造力。针对教研型或低岗级教师,可以在个人评价指标中注重一般项目成果,考察其在科技研发中的实际贡献。同时,可以鼓励他们参与团队学习,提升创意提炼能力和市场认知能力,从而全面提升其科技创新能力。对于研究型教师或高岗级教师,可以充分利用其丰富的创意提炼能力和市场认知能力,评价重点可以放在创新人才培养、创新团队建设和原始技术创新等方面的贡献上。这样可以更好地发挥他们在科技创新中的优势,推动高职院校的科技创新发展。通过分类评价,可以更加精确地衡量教师的科技创新能力。同时,也能够更好地激发教师的积极性和创新潜力,对高职院校的科技创新教育具有重要的意义。

二、以要素政策激发高职院校专业课教师科技研发能力

加强基础研究对于推动关键核心技术自主可控是至关重要的。基础研究的成果具有较强的外部性和公共品属性,对科技创新的核心竞争力起到决定性的作用。加大对基础研究的投入,可以降低技术示范阶段的成本,并促进技术的后

续扩散。

"十四五"时期,经济社会发展和国家安全及技术供给与需求的结构性矛盾都对关键共性技术、前沿引领技术和颠覆性技术产生了巨大需求。突破性技术在创造新产品、新业态和新商业模式方面的作用也越发突出。因此必须结合"破五唯"专项行动,加强基础研究的投入,并建设基础研究功能性平台,以保障高职院校专业课教师在原始创新性基础研究中的科技研发能力得到充分发挥。

具体而言,可以采取以下措施:首先,建立中央财政对基础研究领域的长期投入预算制度和稳定投入增长机制。目前,2020年我国基础研究占研发经费比重为6.01%,距离发达国家15%以上的基础研究投入还有一定的差距。其次,扩大资金来源,重点引导地方、企业、金融机构和社会力量加大基础研究的投入。形成中央、地方、企业和社会共同支持基础研究的共同体,从而形成稳定的基础研究投入机制。再次,由于目前还未制定明确的企业基础研究投入激励政策,需要发挥政策性、开发性和商业金融的互补优势。调整和完善税收征收范围与财政政策,优化税率结构,提升企业基础研究投入的积极性。最后,积极推动高职院校、科研院所和企业之间的融通创新,加大对重点领域原创性基础研究的支持力度,同时建立国家重点实验室等基础研究功能性平台。通过以上措施,可以进一步加强基础研究的投入,为高职院校专业课教师的科技研发能力提供保障,推动关键核心技术的自主可控。

三、以关联政策辅助高职院校专业课教师市场认知能力

在创新链中,每个环节都至关重要,不容忽视。基础研究投入在理论创新和技术创新的早期阶段起着重要的推动作用。然而,科技成果的转化却面临着一些困难,其中科技成果的国有资产属性是一个阻碍。为了克服这一问题,政府正在推动高职院校科技成果的权属改革,使高职院校专业课教师能够自主处置科技成果,这将有利于高职院校专业课教师与企业等创新主体加强合作,形成市场认知能力提升的良性循环。

在转化阶段,高职院校专业课教师过于关注专利申请而忽视专利使用,导致

存在"专利泡沫"的问题。这是一个需要引起关注的问题,因为专利的质量和使用对于科技成果的转化至关重要。建议引导高职院校专业课教师逐渐转变思维,注重知识价值的创造和扩散,以提升市场认知能力。

为了支持科技成果的转化和推动创新资源的配置,建议政府构建完善的科技中介服务体系,如建立科技管理部门或科技信息公共平台、共建协同创新中心、建立技术交易平台、优化专利筛选机制等,促进科技成果的转化和应用,提高高职院校专业课教师的市场认知能力。

四、以市场政策强化高职院校专业课教师自适应能力

高职院校等研究机构与市场与产业界的需求脱钩,是一个需要解决的难题。当前的首要任务应该是将科技成果转化为现实生产力。第一,需要改变科研经费来源的结构,减少对国家财政和政府拨款的依赖,增加企业资助。这可以通过建立与企业的合作机制,促进产学研结合,吸引企业参与科研项目和技术转移,提供经费支持。第二,需要加强与企业的合作与交流。高职院校可以与企业建立长期稳定的合作关系,共同开展研究项目,解决实际问题。通过与企业的合作,教师可以更好地了解市场需求,提高科研成果的应用性和转化率。第三,应该注重技术创新的实践教学。高职院校可以开设与企业合作的实践项目,让学生与教师一起参与解决实际问题,培养实践能力和创新精神。第四,需要加强创新政策和市场环境建设。政府可以提供更加灵活和有竞争力的税收政策和激励措施,鼓励企业增加创新投入。第五,应完善知识产权保护制度,提高创新成果的转化效率。第六,学校可以定期举办创新创业论坛和国际会议,邀请行业专家参与讨论,引进新思想,为培养创新创业教师注入新的动力和活力,从而建立创新创业教师生态培养体系,促进创新创业教育的发展,将科技成果转化为现实生产力,推动经济社会的发展。

第六章　高职院校专业课教师社会服务能力发展研究

第一节　社会服务能力内涵及理论基础

一、社会服务能力内涵及相关概念界定

(一)社会服务能力概念及内涵界定

对高职院校社会服务的概念,分为广义和狭义。广义上讲,社会服务是指高等院校基于办学目的,根据人才培养、科学技术研究等目标,依托人才、设备、信息、技术等方面的资源优势,主动为社会开展的间接服务,满足社会对高等教育的需求。高职院校社会服务职能依托培养人才(教学)、科研职能开展,它被视作教学、科研职能的延伸,是向社会所提供的具有学术性的服务。因此,高职院校社会服务并不是游离于高职院校的教学、科研功能之外的独立行为,而是通过高职院校的人才培养(教学)和科研而发挥出来的职能。狭义上讲,高职院校社会服务是指大学利用自身的知识(智力)和技术优势,直接为社会解决迫切的生产实际问题和社会发展问题服务。

不同于社会机构提供的服务,高职院校的社会服务具备学术性、实用性等特性。首先,学术性。高职院校所提供的社会服务是其他机构所不能提供的,高职院校必须走在社会的"前头",引领人们超越时代和社会的局限,对社会的服务必须由以往的"参与""迎合"模式向"指导""引导"模式转变。其次,实用性。高职院校应充分利用学科知识,为社会提供各类实用性服务,包括技术服务、培训服务、咨询服务等,进一步为社会培养复合型人才。一是根据行业企业需求开展各类社会培训,如行业培训、岗前职后培训、转岗培训等;二是高职院校专业课教师利用专业知识通过技术支撑、知识讲座、文艺活动等方式为地方政府、行业企业、公众提供各类咨询服务,如科技、法律、就业、医疗、文化等服务;三是技术服务,通过产学研结合的技术推广服务平台建设为社会提供技术服务并促成科研成果转化。

(二)高职院校专业课教师社会服务能力

高职院校专业课教师社会服务是指教师利用自己的能力和智力优势,通过各种劳动满足社会发展需要,直接为社会、经济和科技发展提供服务的系列活动。

高职院校专业课教师的社会服务包括为政治文明建设、经济建设和文化传承服务。作为教师,应该积极参与政治文明建设,为党和人民服务。在经济建设方面,应该关注地方经济的发展,提高科技水平和劳动者素质,推动经济的创新和增长。在文化传承方面,应传播和弘扬优秀的文化,提高国民文化素质,为社会主义文化强国建设做出贡献。可以通过各种形式的文化活动,如讲座、音乐会和展览等,来实现这一目标。总的来说,高职院校专业课教师的社会服务是多方面的,应该不断提升自己的专业能力,为社会的发展做出积极贡献。

教师作为高职院校的重要组成部分,需利用自身的特长和优势,为社会提供各种形式的服务。教师可以利用自己在法律、会计、预算等方面的知识提供咨询服务。政府部门和社会民众常常需要专业的意见和建议,教师可以充分利用自己的专业知识,为他们提供准确和实用的咨询。教师还可以通过培训指导等方式提供技能和技术方面的服务。随着社会的发展,许多行业和职业需要不断更新和提升自己的技能,教师可以通过开展培训,帮助人们提升自己的技能水平,适应社会的需求。教师还可以积极参与社区建设和公益活动,为社会做出更多贡献。例如,可以组织学生参与社区服务项目,帮助社区居民解决实际困难,提高社区的发展水平。教师的角色定位是随着社会形势的变化而调整的,应该不断提升自己的专业水平,关注社会的需求,为社会提供更优质的服务和研究成果。通过这样的方式,教师可以更好地适应时代的变化,为社会做出更大的贡献。

高职院校专业课教师的社会服务能力对于实现社会服务职能至关重要。教师需要具备多方面的能力来提供智力产品和智力服务,以满足社会的需求。专业课题建设能力可以帮助教师开展相关研究工作,为社会提供专业的知识和解决方案。课程项目的教学设计和组织能力是教师能够有效传授知识和培养学生能力的基础。实践操作教学能力可以帮助学生将理论知识应用于实际操作中,提高他们的实践能力。科学研究和创新能力可以帮助教师开展创新研究和项目,为社会提供新的知识和技术。应用技术开发能力可以帮助教师运用各种技术工具和平台,提供高质量的教学服务。培训项目开发能力可以帮助教师设计和组织培训项目,提升学生的职业能力和就业竞争力。多媒体技术应用能力可以帮助教师利用多媒体技术提供丰富的教学资源和互动体验。教学资源整合建设和应用能力可以帮助教师整合各种教学资源,提供全方位的学习支持。通过提高这些能力,高职院校专业课教师可以更好地履行社会服务职能,为社会发展作出更大的贡献。

二、理论基础

(一)高等教育政治论

约翰·布鲁贝克提出高等教育有两种哲学依据:"大学确立它的地位的主要途径有两种,即存在着两种主要的高等教育哲学,一种哲学是以认识论为基础,另一种则以政治论为基础。"支持认识论观点的人把高等教育存在的目的看作"'闲逸的好奇'精神追求知识",认为大学存在的理由,不在于其传授给学生知识,也不在于其提供给教师研究机会,而在于通过充满想象地探讨学问,将年轻人和老一辈联合起来,把这种积极想象所产生的氛围转化为知识力量。而持政治论观点的人则认为"人类学习研究知识对国家有着深远影响。如果学院和大学不存在,要掌握人类社会的复杂问题就极难了,更不要说解决问题了。曾经根据经验就能解决的政府、企业、农业、劳动、原料、国际关系、教育、卫生等一系列问题,现在则需要极深奥的知识才能解决。而获得解决这些问题所需要的知识和人才的最好的场所是高等学府"。由此可以看出,高等教育政治论是高等教育为社会服务的哲学基础。

（二）教育外部关系规律

潘懋元教授认为"把教育作为一个社会现象,将教育与其他社会现象—主要是经济、政治、文化之间的相互关系称为'教育的外部关系',把教育内部诸方面的关系称为'教育的内部关系',进而把这两方面的关系称为'教育的外部关系规律'和'教育的内部关系规律"。教育确实是一个社会现象,与经济、政治和文化等社会因素密切相关。教育的外部关系规律表明教育必须适应社会的发展,并受到社会经济、政治和文化等因素的制约。同时,教育也要为社会的经济、政治和文化的发展提供服务。在区域经济发展的过程中,教育与经济、科技、文化等要素之间存在着紧密的联系。高职院校作为高等教育的一部分,应当与区域经济密切配合、协同服务,为区域经济的发展提供支持。高职院校应该根据本地区的经济特色和需求调整教育内容和课程设置,培养适应当地社会经济发展的人才。通过与企业、科研机构和文化机构等的合作,高职院校可以为当地社会提供实践项目、科研成果转化和文化创意等方面的服务。通过与区域经济的紧密结合,高职院校可以更好地发挥社会服务的作用,推动当地社会的发展。

第二节 高职院校社会服务模式及内容

一、订单式的人才培养服务模式

订单式人才培养服务模式是一种将企业需求和学校培养目标相结合的办学模式。通过签订用人协议,企业和学校共同选拔学生,并明确培养方案和目标,共同组织教学活动。这种模式的核心在于明确双方的职责,即企业保证录用培养合格人才,学校保证按照企业需求培养人才。订单式人才培养模式的优势在于针对性强,能够满足社会企业对复合应用型人才的需求。学生的学习目标明确,自主性得到激发,职业素养得到良好塑造,实现了学生与岗位之间的紧密对接。这种模式体现了校企合作和工学结合的特点,可以实现校方、企业和学生的多方面收益。通过建立订单式人才培养服务模式,高职院校可以更好地为当地社会服务,与区域经济紧密配合、协同发展。学校可以成为企业的人力资源库,为企业提供有用的决策和储备人才。学校还应鼓励教师积极参与比赛,并将教师的实践指导经验纳入评估体系。通过这些举措,可以建立创新创业教师生态培养体系,促进创新创业教育的发展。

二、岗位技能再培训社会服务模式

随着社会科技和经济的迅速发展,企业需要不断提升员工的技术和技能水平,以适应市场的变化和发展需求。在这方面,高职院校可以发挥重要作用。高职院校拥有丰富的师资力量和先进的教学资源,可以为企业提供专业的岗位培训活动。通过与企业的合作,高职院校可以了解企业的需求和技能要求,针对性地开设培训课程,帮助企业员工提升专业技能。此外,高职院校的实训基地和工程师培训基地等资源也可以为企业提供关键的社会服务支持。这些设施可以提供实践机会和实际操作的场地,帮助企业员工进行实际操作和实践培训,提升他们的技能水平。

通过高职院校与企业的合作,可以实现人才培养与企业需求的紧密对接,促进企业的技术提升和竞争力的提高。同时,这种合作也有助于改善当地的人才结构,提升整体的技能人才队伍水平,进一步推动当地经济的发展。因此,高职院校与企业之间的社会服务合作是一种双赢的模式,可以为企业提供所需的技能人才,同时也提升高职院校的社会影响力和地位。

三、校内资源集中共享化社会服务模式

进一步促进高职院校与社会的互动和合作,提供校内专家式的咨询服务可以充分利用学校专业优势,为政府和企业提供专业的建议和支持,帮助他们解决问题和制定发展规划。这样的合作能够提高学校的社会影响力,也能够为师生提供实践和与实际问题接触的机会。共享稀缺教学资源也非常重要。高职院校拥有许多宝贵的教学资源,如实训设备、实验室等,通过对外开放,可以让更多的人受益。这样的共享有助于提高资源的利用效率,同时能够为社会提供更多的学习和培训机会。同时,向社会公众开放校内的图书、网络资源也是很有意义的举措。这样可以让更多的人享受到高职院校的资源和知识,促进社会的智力提升和全民素质的提高。

通过建立起高职院校与社会的紧密联系,促进双方的共同发展。高职院校将不仅仅是教育机构,更是为社会服务的平台和人才培养的基地。这样的合作模式将能够带动创新创业教育的发展,为社会经济的进步做出更大的贡献。

四、对口支援及交流社会服务模式

对口支援可以促进高职院校专业课教师与企业的深度交流与合作,提升教师的创新创业能力,为学生提供更好的创新创业教育。还可以推动高职院校与企业的合作,实现资源共享、互利共赢的目标。同时,学校应加强对教师的培训

和评估,建立创新创业教师的激励机制,激发教师的创新创业热情。在与企业合作的过程中,学校应注重学生的实践能力培养,提供更多实践机会和项目实践,为学生的创新创业能力提供支持和培养。

五、职教集团的社会服务模式

职教集团的建立确实可以发挥重要作用,促进高职院校的发展和与企业的合作。通过整合不同院校和企业的资源,彰显各自的特色,提供更优质的教育资源。同时,建立好集团内部的服务体系,可以解决校内课程资源无法共享、学历与职业资格证书标准割裂等问题。

对于企业而言,职教集团可以作为人才资源库,为企业提供有用的决策和储备人才。通过与职教集团合作,企业可以根据自身需求获取各类应用型人才,满足发展需求。对于高职院校而言,职教集团可以为毕业生提供更广阔的就业机会。同时,作为师资库,职教集团可以提供专业培训和交流机会,帮助教师提升师资水平,为学生提供更好的教育和培训服务。总之,职教集团的建立可以促进高职院校与企业的合作与发展,为学校、企业和学生提供更多机会和资源,推动职业教育的发展。

第三节　社会服务能力发展存在的问题及原因分析

一、社会服务能力发展存在的问题

(一)思想认识方面

近年来,由于政府、社会对高职院校开展社会服务的重视程度及支持力度越来越大,社会及企业对高职院校专业课教师提供社会服务的认可度也在提高,高职院校及教师对承担社会责任的认识上有所提升。但与社会赋予高职院校及专业课教师的责任还存在一定差距,具体表现在:一是作为高等院校对履行社会服务职能重视程度不够高。二是作为高职院校专业课教师社会服务意识薄弱,更注重教学、科研等工作,在自己专业领域开展社会服务时比较被动,大多数是完成学校布置的任务,主动服务意识不够,服务质量不高。三是社会对高职院校社会服务认识片面,企业认为高职院校专业课教师在本专业的学术水平很高,教育教学能力很强,但理论与实践存在差距,高职院校专业课教师缺乏实践经验,对行业企业最新的理念和技术发展了解不足,社会服务效果较差。

(二)体制机制方面

很多高职院校在与地方政府和企业的联系方面存在一些问题,缺乏有效的沟通和合作机制,导致信息交流不畅、合作不深入。为了改善这种情况,高职院校可以采取一些措施。首先,建立长期的合作机制是非常重要的。高职院校可以与地方政府和企业签订合作协议,明确各方的责任和义务,确保合作关系的持续性和稳定性。建立定期的沟通渠道,如召开联席会议或座谈会,让各方能够及时交流信息和解决问题。其次,高职院校可以加强师资队伍的建设。培养一支具备创新创业教学能力的教师团队是非常重要的。学校可以鼓励教师参与创新创业比赛,提供相应的培训和支持,提升他们的专业水平和实践经验。学校还可以鼓励教师进入企业实践,与企业密切合作,获得实际操作和行业经验。再次,定期举办创新创业论坛和国际会议也是提升教师创新创业能力的有效方式。通过邀请行业专家和企业代表参与,教师可以与他们进行深入的交流和讨论,了解最新的行业动态和发展趋势,增强自己的专业素养和创新思维。最后,学校还应该建立完善的评估体系,将教师的实践指导经验纳入评估范围。通过对教师的实践能力和成果进行评价,激励他们积极参与创新创业教育,并将其经验和成果推广应用到教学中。通过建立一个创新创业教师生态培养体系,促进高职院校的创新创业教育发展,并使学校能够更好地为地方社会服务,与区域经济实现协同发展。

（三）学科专业设置方面

高职院校的教学科目和专业设置需要更加灵活，以适应当地社会和经济的需求，及时调整优化教学科目布局和专业设置，确保与行业职业岗位的衔接紧密。同时，高职院校在科研课题选择上应更加注重应用研究和开发研究，提高科研成果的转化率和经济效益，这样才能更好地为地方经济社会的发展做出贡献。

（四）教师自身社会服务能力方面

高职院校专业课教师的创新创业能力和社会服务工作存在一些问题。首先，高职院校与地方政府和企业之间的联系不够畅通和深入。这导致了高职院校在开展社会服务时，无法与地方经济社会发展需求相匹配。因此建立长期的合作机制是非常必要的，可以通过与地方政府和企业签订合作协议，明确双方的责任和利益，确保高职院校的社会服务能够更好地为地方经济社会发展做出贡献。其次，高职院校需要加强师资队伍建设。教师是高职院校社会服务的主要力量，他们的专业能力和创新创业意识直接影响服务质量和效果。因此，高职院校应注重培养教师的创新创业能力，提供相关的培训和支持，激发教师的积极性和创造力。最后，高职院校应根据当地社会和经济的需求调整教学科目和专业设置，加强与企业的合作。这样可以更好地培养与市场需求相匹配的人才，提高科研成果的转化率和经济效益，增强高职院校对地方经济社会发展的贡献能力。

二、原因分析

（一）教师因素

教师作为传道授业解惑的职业，向来备受尊敬。然而，随着社会的发展，教师的职业定位也需要适应时代的变化。在现代社会中，教师的角色不仅仅是传授知识，还应该承担起为社会服务的责任。在高职院校中，教师应该意识到自己的社会属性和职能，积极参与到社会服务中去。这包括与地方政府和企业的联系，为他们提供专业的咨询和支持。通过与社会各界的合作，教师可以更好地了解社会的需求，调整教学科目和专业设置，使教育更加贴近实际，培养出更符合社会需求的人才。此外，教师还应该积极参与社会服务活动，为社区和公众提供帮助和支持。这可以通过组织学生参与社会实践活动、开展科普教育等方式实现。通过这些活动,教师可以增加实践经验,提高服务能力,使自己的专业知识更好地转化为实际操作能力。

教师在提供社会服务的同时,也要继续加强自己的学习和研究。只有不断学习和更新知识,才能保持自己的专业素养和竞争力。此外,教师还应该积极参与学术交流和合作,与同行们分享经验和研究成果,促进学科的发展。综上,高职院校专业课教师应该更新自己的职业角色定位,意识到自己的社会属性和职能,积极参与到社会服务中去。只有这样,才能更好地为社会的发展和进步做出贡献。

（二）学校因素

高职院校专业课教师在创新创业能力和社会服务工作方面,确实存在一些挑战和不足之处。对于教师来说,缺乏有效的激励机制和奖励制度,会影响他们积极参与社会服务的意愿和能力。现行的考核评审制度偏重学历和科研成果,而对于实践能力和专业技能的要求不够高。这导致教师过于追求学历和发表论文,而忽视了实际操作技能的培养。此外,教师的工作压力也使得他们无法抽出足够的时间和精力去企业锻炼,从而影响了社会实践的效果。

另外,高职院校与地方社会、经济的联系不够紧密,缺乏交流平台和合作机制。有些学校对社会服务的认识不足,重视程度不够,过于关注经济效益,而忽视了社会服务对人才培养的重要性。此外,缺乏政策支持、资金扶持和有效的管理机制,也限制了高职院校在社会服务中的作用发挥。一些学校没有成立专门的部门负责社会服务工作,导致教师参与社会服务的方式单一,缺乏连续性和系统性。同时,缺乏统一的组织领导和管理经验,也影响了整体能力的发挥。此外,学校在社会服务方面的考核要求不明确,缺乏奖励和责任追究机制,也影响了教师的积极性和能力提升。

（三）社会因素

在中国传统文化中,教师被视为道德楷模和学问传承者,社会民众多认为教师的本职工作是传授知识,对教师参加社会服务工作理解较片面。然而,随着社会的发展和变化,教师的角色也在不断演变。现在的社会已经变得越来越复杂和多元化,仅重视教学能力已难满足社会的需求。大学教师作为知识分子,应该有责任和义务为社会做出贡献。开展社会服务工作可以帮助教师更好地了解社会需求并将自己的专业知识应用到实践中,提高自己的教学水平和专业素养。当然,要改变社会民众对大学教师开展社会服务工作的观念并不是一件容易的事情。这需要教师本身的努力去改变传统观念,同时也需要教育机构和政府的支持和引导。教育机构可以通过制定相关政策和提供资源支持来鼓励教师参与社会服务工作,政府可以提供相应的政策支持和宣传推广,改变社会观念。

教师的角色不仅仅是传授知识,还应该积极参与社会服务工作。通过开展社会服务,教师能够提高教学水平和专业素养,助力社会的进步和发展。同时,也需要持续努力改变社会观念,让更多人认识到教师的社会服务工作的重要性和价值。

(四)企业因素

大型企业往往有自己的研发团队和资金支持,对于校企合作可能不太主动。小型企业和传统产业对高新技术的需求较低,对校企合作态度不够积极。中型企业虽然对高新技术有需求,但更注重短期经济回报,对校企合作的重视程度有限。此外,一些企业对本地高职院校和教师存在认知不足和误解,倾向于与知名的外地高校和科研机构合作,对本地高职院校和教师缺乏信任,这限制了高职院校专业课教师的社会服务空间。

高职院校可以加强与企业的合作,通过改革科研评价体系,加大对高职院校专业课教师的科研支持力度,提高高职院校专业课教师的科研水平和创新能力。同时,高职院校应根据当地社会和经济的需求,调整教学科目和专业设置,加强与企业的合作,提高科研成果的转化率和经济效益,更好地为地方经济社会发展做出贡献。地方政府也应完善相关政策法规,支持高职院校专业课教师的社会服务工作,重视智力支持,加强与高职院校的合作,引导和协调校企合作,提高高职院校专业课教师的社会服务能力。同时,加强宣传,增进企业对本地高职院校和教师的了解,增强他们的信任感,推动校企合作的开展。

（五）政府因素

地方政府是高职院校及其教师开展社会服务工作的有效保证,许多成功经验表明,大学及教师社会服务工作的有效进行离不开当地政府全方位的大力支持。现在,尽管大学教师开展社会服务工作受到了当地政府越来越高的关注,但支持相对乏力。首先,宏观调控力度不大,相关法律法规政策不完善,很多地方政府没有制定促进高职院校专业课教师开展社会服务工作的优惠政策、配套措施等,或者是制定的政策措施缺乏可操作性,落实起来比较困难,不能充分激发教师的自觉性和主动性,甚至导致教师在社会服务中面临知识产权保护等问题时缺乏"安全感"。其次,少数地方政府对大学教师的智力支持持不信任态度,认为大学教师在理论研究方面是不可替代的,但在解决地方经济发展具体问题上束手无策。因此,一些地方政府在研究重大问题、作出重大决策前忽视了高职院校专业课教师的作用,未广泛征求他们的意见建议,即便征求了高职院校专业课教师的意见,也是按程序走过场、走形式。最后,地方政府在推动高职院校与当地企业开展合作过程中的桥梁纽带作用发挥不明显,不能有效引导和协调校企合作,使校企合作呈现层次浅、范围窄、周期短的特点,不利于高职院校专业课教师社会服务能力的提高。

第四节　社会服务能力优化路径

开展社会服务有利于全面展示高职院校的自身形象,进一步拓展发展内涵,有效提升教育教学水平。要破解高职院校专业课教师开展社会服务工作面临的问题和困难,不断增强社会服务的本领,需从以下几方面努力。

一、增强高职院校专业课教师社会服务意识和能力

(一)统一思想,认识开展社会服务的重要性

高职院校作为知识和创新的重要场所,承担着培养人才、推动科学技术进步和服务社会经济发展的重要使命。高职院校专业课教师应该准确把握时代发展需求和高等教育的未来发展趋势,认识到开展社会服务是投身地方经济社会发展的重要方式,也是提升自身水平和能力的有效途径。高职院校专业课教师应该意识到自己的责任和使命,将社会服务摆在与教学、科研同等重要的位置,以渊博的学识、卓越的技术和高度的社会责任感,积极投身社会服务工作。可以通过开展实践性教学、技术咨询、技术培训等方式,为地方经济社会发展提供专业支持和智力支持。同时,教师还可以积极参与社会公益活动,传播科学知识,助力社会进步。

高职院校专业课教师的社会服务工作不仅是对社会的贡献,也是对自身职业发展的提升。通过参与社会服务,教师可以增加与社会的联系,了解社会需求,拓宽自己的视野和思维方式,提高自身的综合素质和能力。因此高职院校专业课教师应该积极投身社会服务工作,成为社会风尚的引领者、文明风尚的弘扬者、高新技能的创造者和新思想、新观念的倡导者,为地方经济社会发展做出更大的贡献。

(二)转变观念,树立社会服务意识

高职院校专业课教师要提升社会服务能力,需要打破传统观念的束缚,树立新的观念,充分认识到开展社会服务的重要性和自己的责任。

首先,高职院校专业课教师要建立自觉为社会服务的观念。准确把握党和人民对高等学校的新要求和期望,将开展社会服务作为己任,发挥自身在知识、技术、信息等方面的优势,为地方政治、经济、文化、教育等方面的进步做出贡献。其次,高职院校专业课教师要建立主动为社会服务的观念。应该意识到自己的服务与地方政府的支持和社会认可是密不可分的。通过提供社会服务,教师可以得到政府的支持和社会各界的赞誉,进一步拓宽个人发展的空间。再次,高职

院校专业课教师要建立优质为社会服务的观念。在知识经济和创意产业时代，高职院校专业课教师的责任和作用越来越重要，需要提供更全面、更优质的服务，才能真正发挥出作为教育实施者的核心作用，得到人民群众的肯定和信任。

因此，高职院校专业课教师要树立正确的观念，积极投身社会服务工作，努力实现由被动服务向主动服务的转变，提供优质的服务，为地方经济社会发展做出更大的贡献，并塑造良好的社会形象。

（三）学用结合，提高社会服务的自身能力

高职院校专业课教师的社会服务能力需要在多个方面进行提升。首先，教师需要不断学习和更新专业知识，掌握先进的科研技术，以确保自己具备娴熟的专业技术能力，进而为社会提供有价值的服务。其次，教师还需要培养优秀的专业人才，通过科学的教学设计和精准的课程体系，提高教学质量。再次，教师也应积极参与科学研究，不断提升自己的研究水平，促进科研成果的转化。最后，教师还可以通过为政府部门提供专业意见、为企业提供咨询和技术服务等方式直接参与社会服务，这就需要教师具备较强的组织能力和实际操作能力。因此教师需要不断提升自己的综合素质，关注社会发展中的重大问题，并选择适合自己的项目和对象，才能提高社会服务的水平。

二、扩大高职院校专业课教师社会服务能力的培育途径

（一）搭建社会服务平台

搭建社会服务宣传平台可以提高教师对社会服务的认识和意识，也能为教师提供更多的机会和信息，使其能够有计划地开展社会服务工作。通过媒体的宣传，可以让更多的人了解高职院校专业课教师的社会服务工作，增强社会的认可度和理解，为其工作提供更多的支持和帮助。搭建校企合作平台是非常重要的，通过与企业的合作，高职院校专业课教师可以更好地了解实际需求，并为企业提供解决问题的技术支持和人才培养。这种合作不仅能够提高高职院校专业课教师的社会服务能力，还能够为企业带来更好的发展和创新。

搭建社会服务交流平台可以促进教师之间的交流和学习，共同解决在社会

服务实践中遇到的问题。通过集思广益，可以找到更好的解决办法，也能够推动高职院校专业课教师的社会服务工作的创新和提升。

因此，搭建社会服务平台是提高高职院校专业课教师社会服务能力的重要举措，需要学校、企业和社会的共同努力和支持。只有建立起良好的合作机制，加强师资队伍建设，才能更好地发挥高职院校专业课教师在社会服务中的作用，为地方经济社会发展做出更大的贡献。

（二）建立社会服务激励机制

激励制度和奖励措施在提高教师的积极性和创造性方面起着重要作用。制定科学的导向机制，将社会服务纳入考评体系，出台参与社会服务的扶持政策，以及合理进行劳务分配，这些都是非常有效的举措。此外，高职院校还应该加强师资队伍建设，提高教师的专业素养和实践能力。通过培训和学习，教师可以不断更新知识和技能，提高创新创业意识和能力。同时，高职院校也应该与企业和地方政府建立长期的合作机制，加强校企合作，提高科研成果的转化率和经济效益。这样，高职院校才能更好地为地方经济社会发展做出贡献。

地方政府也需要重视高职院校专业课教师的社会服务工作，完善相关政策法规，支持教师的社会服务活动。地方政府可以提供智力支持，引导和协调校企合作，为教师的社会服务工作提供更好的支持和保障。通过建立激励机制、加强师资队伍建设、加强校企合作及地方政府的支持，可以提高高职院校专业课教师的创新创业能力和社会服务工作的水平，进一步发挥高职院校在地方经济社会发展中的重要作用。

（三）建立社会服务组织机构

成立专职的社会服务组织机构可以更好地组织和推动高职院校的社会服务工作，确保其职责的明确和工作的顺利开展。这样的机构可以负责制定社会服务工作的规划和计划，协调各项工作的开展，并与地方政府、企业等相关方进行对接和合作。为此可以更好地发挥高职院校在地方经济社会发展中的作用，提高其对地方的贡献能力。

除了设立专门的机构，高职院校还可以加强师资队伍建设，提高教师的创新创业能力和社会服务能力。教师作为高职院校社会服务的主要力量,专业知识和经验对于社会服务工作的开展非常重要。高职院校可以通过培训、派遣教师到企业挂职锻炼等方式,提升教师的专业素养和社会服务能力,使他们更好地参与到社会服务工作中。

高职院校应该根据当地社会和经济的需求,调整教学科目和专业设置,加强与企业的合作,如此培养出的学生更加符合就业市场的需求,也能更好地为地方经济发展提供人才支持。同时,高职院校还应该加强科研工作,提高科研成果的转化率和经济效益,为地方经济的创新发展提供智力支持。

高职院校应该加强与地方政府和企业的联系,建立长期的合作机制,提高教师的创新创业能力和社会服务能力,根据当地需求调整教学科目和专业设置,加强科研工作,才能更好地发挥高职院校在地方经济社会发展中的作用。同时,地方政府也应该完善相关政策法规,支持高职院校专业课教师的社会服务工作,加强与高职院校的合作,引导和协调校企合作,共同提高高职院校的社会服务能力。

（四）加强产学研人才队伍建设

精心选拔和培养产学研带头人是确保高职院校在特定领域具有影响力和竞争力的重要举措。根据教研人员的科研水平、科研成果和社会服务的贡献大小来选拔培养产学研带头人,可以确保他们在相关领域的专业能力和影响力。同时,给予产学研带头人在时间、人员配备、设施设备、工作经费等方面的重点安排和保障,可以提高他们的工作效率和科研成果的质量。

强化教师队伍的科研素质和能力是提高高职院校社会服务能力的基础。通过利用各种基地、课题项目、培训进修渠道等,安排教师开展实践锻炼和培训,可以提高教师的实践能力和科研水平。培养中青年骨干教师,选送他们到企业、政府相关部门挂职锻炼,并优先安排参加国内外的进修学习,有助于提高教师的综合科研开发能力。

引进人才也是提高高职院校社会服务能力的重要途径。建立完善的人才引入制度,吸引在产学研领域具有丰富经验、重大业绩和社会影响力的技术专家和科研带头人进入高职院校,可以丰富师资队伍,提高社会服务的效率和程度。对于高层次人才,可以采用兼职、客座、合作等形式融入高职院校专业课教师队伍中,充实高职院校的产学研团队。

三、企业对高职院校专业课教师社会服务的接纳与支持

(一)情感上接纳和支持

习近平总书记强调:"坚持创新发展,是我们分析近代以来世界发展历程特别是总结我国改革开放成功实践得出的结论,是我们应对发展环境变化、增强发展动力、把握发展主动权,更好引领新常态的根本之策"。湖南省第十一次党代会鲜明提出,要深入推进创新引领、开放崛起战略,把创新摆在最重要的位置,作为推动发展的最大希望。

高职院校专业课教师的社会服务能力对企业的发展具有重要意义。企业应该意识到高职院校专业课教师在技术研发和创新方面的专业知识和经验,并与高职院校建立紧密的合作关系,共同推动技术革新。同时,企业也应该树立长远的战略眼光,摒弃急功近利的思维方式,理解高职院校专业课教师在技术创新方面的巨大作用。他们的智力资源和专业能力可以为企业带来巨大的潜在利益。因此,企业应该从内心认同和支持高职院校专业课教师的社会服务工作,为他们提供合适的资源和条件,共同促进高职院校专业课教师社会服务能力的提高和企业的持续发展。另外,企业还可以与高职院校专业课教师进行项目合作,共同开展科研项目和实践活动,通过实践锻炼和经验积累,提高教师的科研素质和能力。企业可以提供实际的需求和问题,让教师在解决实际问题的过程中不断提升自己的能力。最后,地方政府也应该完善政策法规,支持高职院校专业课教师的社会服务工作,加强与高职院校的合作,共同提高高职院校专业课教师的社会服务能力。地方政府可以提供资金支持、政策引导等方面的支持,营造良好的环境和条件,促进高职院校专业课教师的社会服务工作的开展。

(二)行动上接纳和支持

企业与高职院校的深度合作对于提高高职院校的社会服务能力至关重要。

加强硬件建设是确保实践教学质量的基础,通过与企业共建实验室、项目研发中心等,可以充分利用企业的资金和设备优势,提供更好的实践环境和设备条件,提高学生的实际操作能力。同时,也要加强软件建设。企业的专业人员参与教学方案的制订,与高职院校专业课教师共同完成教学工作,可以确保教学内容与企业需求相匹配,培养出更符合市场需求的人才。校企双方互聘也可以促进校企交流,提高教师和企业员工的专业素养和综合能力,实现互利共赢。

因此,校企合作是提高高职院校社会服务能力的重要途径,通过加强硬件建设和软件建设,可以实现校企深度合作,提高培养质量和社会服务能力,为地方经济发展和社会进步做出更大的贡献。

四、完善相关政策制度

(一)健全政策体系

高职院校根植于地方、依托于地方、立足于地方,是地方经济社会发展的优势资源和重要力量,承担着为地方发展提供文化支撑、技术支撑、智力支撑的历史重任。地方政府应该充分认识到高职院校对地方经济社会发展的重要性,将其纳入整体发展规划,并制定相应的优惠政策,以激发高职院校及其教师的服务能力。建立校地融合和校企深度融合的合作模式,可以打破传统的校企隔离,实现资源共享和互利共赢。在具体的校企合作过程中,地方政府可以制定相关法规和政策,明确优惠政策措施,为高职院校专业课教师的社会服务提供保障和支持。此外,设立专项奖励和津贴制度,可以进一步激励高职院校专业课教师为地方经济社会发展做出突出贡献。地方政府和高职院校的密切合作,将为高职院校专业课教师的社会服务能力提升提供持续动力。

(二)强化利用智力支持

高职院校是地方社会的"人才库""智力源""发动机",地方经济社会发展越来越离不开高职院校的人才、技术等方面的智力支持。

地方政府可以充分利用高职院校的智力支持,建立专家智囊团和重大决策专家咨询机制,为地方政府的决策提供高水平的支持和建议。成立重点项目智库、科技创新智库、企业智库和社会智库等,可以充分利用高职院校的知识密集、信息快捷、思维活跃和高端人才的优势,为地方经济、科技和文化发展提供专业参考意见,有效避免决策失误。此外,地方政府还可以鼓励高职院校选派技术干部和专职教师到政府或工业园区挂职,选派教师和科研人员到当地企业、园区和基层一线担任科技特派专家和科技特派员等,鼓励高职院校专业课教师兼任地方工会、共青团、妇联等组织的职务。这些措施将有效促进高职院校与地方政府、企业和社会的深度融合,提高高职院校专业课教师的社会服务能力,为地方经济社会发展提供有力支持。

(三)推动校企合作

高职院校与企业的密切合作可以实现资源互补,促进科技成果转化为现实生产力。地方政府在校企合作中的作用至关重要,需要明确其角色定位,发挥组织协调、引导保障和评估监督的功能。地方政府可以鼓励高职院校与企业共建协同创新平台,重点支持应用技术研发和科技成果产业化,提高高职院校科研成果的转化率。此外,共建国省重点实验室、工程技术研究中心、企业技术中心和院士专家工作站等也是重要的措施。搭建交流平台,促进高职院校和企业之间的产学研洽谈和科技成果交流对接,也是非常有效的方式。地方政府可以提供政策支持,为高职院校与企业的合作搭建桥梁,推动校企"联姻",促进地方经济的发展。

第七章　高职院校专业课教师信息技术能力发展研究

第一节　教师信息技术能力的内涵及相关概念解读

一、教师信息技术能力内涵

（一）信息化教学

信息化教学是信息技术支持教学规划、设计和管理，以及现代教育理念在教学过程中应用的一种新的教学形态。通过创造虚拟的教学环境，学生可以随时随地联网学习，不受课堂教学时间的限制。高职院校专业课教师可以利用大数据、云计算等为信息化教学平台提供全球性、系统性和开放性的教育资源，学生可以通过各种终端按需获取学习资源，这突破了传统教学方式和教学内容的局限性。信息化教学能够更加有效地整合全球教育资源，学生可以就感兴趣的内容进行持续性的学习，不受学校教学安排束缚，不受教育阶段目标捆绑。因此融合信息技术和优质资源的信息化教学必将成为未来高等教育教学的新标杆，高职院校专业课教师需要积极主动地投入到信息化教学潮流中。

"互联网+"时代,一方面,要求现代信息技术与课堂教学的整合,高职院校专业课教师要掌握多媒体技术,能够在课堂教学设计中利用计算机办公软件制作课件、播放网络视频等基本信息技能。另一方面,为了有效地应用这些技术,教师需要熟练掌握新一代信息技术,教师需要了解云计算、物联网、大数据、泛在网络、人工智能、虚拟现实等技术的基本原理和应用场景,掌握相关的软件和工具的使用方法。教学设计的有效性,教师需要在教学设计中合理地应用信息技术,考虑到应用的时机、频率、形态,以及与教学内容的契合度和对学生的针对性。这需要教师具备教学设计的能力,并能够根据学生的特点和需求进行个性化教学。教学评估和改进,教师需要能够评估信息技术的应用效果,及时根据评估结果进行教学改进。这需要教师具备数据分析和反思能力,能够根据学生的学习情况和反馈进行教学调整。

为了提高高职院校专业课教师在信息技术应用方面的能力,一是提供专业培训,学校可以组织专门的培训,邀请专家进行教师培训,提高教师的信息技术应用能力。培训内容可以包括技术知识的学习和实践操作的训练。二是提供实践机会,学校可以积极与企业合作,为教师提供实践机会,让他们亲自参与信息技术项目的开发和应用,提高实际操作能力。三是推动教师团队合作,学校可以鼓励教师之间的合作与交流,建立教师团队,共同研究和应用信息技术,提高整个团队的能力。四是建立评估机制,学校可以建立信息技术应用的评估机制,对教师的应用能力进行评估,为教师提供持续的反馈和改进机会。因此通过培训、实践、合作和评估等措施,可以提高高职院校专业课教师在信息技术应用方面的能力,进一步提升混合式教学的质量和效果。同时,学校还可以加强与企业合作,了解行业的最新发展和需求,为教师提供更好的应用环境和资源支持。

高职院校专业课教师要从主观意愿上去理解和认可互联网元素与课堂教学设计深度整合的全新理念,同时,在掌握基础信息化教学技能的基础上,时刻关注信息化教学技能的新动态,积极主动地转变传统的教学设计思路、学习掌握云计算、大数据、移动互联网新一代信息技术和产品的应用技能。

(二)教师信息化教学能力

对于"教师信息化教学能力"的具体内涵,目前国内也没有形成统一的认识。相关学者根据研究侧重点,提出了不同的观点。陈丽等[36]基于在网络环境下教师应该如何应用技术推进教育信息化的视角出发,对教师在应用网络进行教学活动所应具备的能力进行了探讨。通过教师培训中的调查结果,用"网络时代教师的新能力"来定义教师的信息化教学能力,认为其能力组成应该包括:现代教育观念、系统化教学设计能力、教学实施能力、教学研究能力、教学监控能力、信息素养、终身学习能力。王卫军[37]从技术、能力和信息化三个角度对教师信息化教学能力进行深入分析,认为教师信息化教学能力是以促进学生发展为目的,利用信息资源从事教学活动、完成教学任务的综合能力,是教师专业发展的核心能力。刘喆等[38]认为教师信息化教学能力的实质是教师在真实的教学情境中,运用信息技术将学科知识"转化"成学生有效获得的一种知能结构体,其目的在于实现技术促进型学习。马若明[39]认为信息化教学能力是一种教师为实现教学过程全优化,利用现代信息技术和资源来设计教学过程的各个环节和要素的能力,将教学设计能力、教学实施能力与教学评价能力视作教学信息化教学能力的三大核心,强调教师根据真实教学情境对"信息技术—教学法—课目内容"三者融通转化的能力。李娟等[40]提出教师的信息化教学态度、理念、技能,以及教学实施和教学研发的相关理论与实践都可称为信息化教学能力。王卫军[41]按照技术、能力、信息角度阐释了信息化教学能力的内涵,认为整合信息资源安排教学活动并完成教学任务的一种综合能力就是信息化教学能力。

综上,教师在信息化环境中,需要具备一定的信息技术知识和技能,能够灵活运用各种信息技术手段进行教学设计、实施和评价,并能够不断学习和发展自己的信息化教学能力。信息化教学设计能力是指教师根据教学目标和学生需求,合理选择和应用信息技术,设计出适合的教学活动和资源。这需要教师对信息技术的应用有一定的专业知识和教学经验,能够根据不同的教学内容和学生特点,灵活运用信息技术工具来设计教学方案。

信息化教学实施能力是指教师能够熟练操作各种信息技术工具,有效地运用这些工具进行教学活动,提高教学效果。教师需要了解各种信息技术工具的特点和应用方法,并根据教学需要进行选择和使用。信息化教学管理和评价能力是指教师能够有效地组织和管理信息化教学活动,对学生的学习情况进行评价和反馈。教师利用信息技术工具进行学生学习情况的记录和分析,及时给予学生反馈和指导,提高学生的学习效果。

信息化环境下的自我发展能力是指教师能够不断学习和掌握新的信息技术知识和技能,提高自己的信息化教学能力。教师应积极参加培训和学习,关注信息技术的最新发展,不断改进和完善自己的教学方法和教学资源。教师的信息化教学能力是一个综合能力,需要教师具备信息技术知识和技能,能够将其应用于教学和实践活动,并具备组织实践活动的能力。学校可以通过培训、指导和提供实践机会等方式,帮助教师提高信息化教学能力。

(三)高职院校专业课教师的信息化教学能力

高职院校专业课教师的信息化教学能力确实需要将信息技术与职业教育的特点有机地结合起来,以提高教学和实训的质量。高职院校专业课教师的信息化教学能力包括多个方面,其中包括教师对信息技术的专业知识掌握程度。教师需要具备对信息技术的了解和应用能力,能够灵活运用信息技术工具进行教学和实训活动。此外,教师还需要具备教学设计和教学评价等方面的能力,能够有效地将信息技术与教学活动融合,实现教学目标。

与中职教师相比,高职院校专业课教师在教学活动中更加注重实训实习的组织。因此,在定义高职院校专业课教师的信息化教学能力时,也需要考虑教师的职业实践能力。教师应该具备组织实训实习活动的能力,能够利用信息技术提供实践环境和资源,帮助学生进行实践操作和实际应用。为提高高职院校专业课教师的信息化教学能力,可以通过多种途径进行培训和提升。学校可以组织教师参加信息技术培训课程,提供教学设计和评价的指导及实践教学的机会。同时,学校也可以鼓励教师参与教学研究和教学团队的建设,促进教师之间的交流与合作。

因此,高职院校专业课教师的信息化教学能力是教师信息化教学能力在高职教育特定情境下的转变,需要将信息技术与职业教育有机地结合起来。教师应该掌握信息技术的专业知识,能够将其应用于教学和实训活动,并具备组织实训实习的能力。学校可以通过培训、指导和实践机会等方式来提高教师的信息化教学能力。高职院校专业课教师信息化教学能力指的是信息时代下高职院校专业课教师从事信息化职业教育教学活动所必需的能力,具体表现为以实现教学目标为目的,通过在教学实施的整个活动中使用信息技术手段促进学生知识和技能学习的能力。主要包含信息化教学设计能力、信息化教学实施能力、信息化职业实践能力、信息化教学管理和评价能力,以及信息化环境下自我发展能力。其中,着重突出信息化、职业化实践能力的高职教育特征。

二、相关概念解读

在对上述的教师专业能力、教学能力和信息化教学能力概念进行相关关系解读前,需引入教师专业培训中常提到的"教育技术能力"的概念,将其与信息化教学能力进行辨析,而后再解读这四个相关概念的关系。

通过对教师专业能力、教师教学能力、教师信息化教学能力、高职院校专业课教师信息化教学能力,以及教师教育技术能力相关核心概念的解析和定义,可以得出这些概念的主要核心内容,同时能够根据它们所涵盖的范围大小,确定其从属关系,具体分析如下。

教师专业能力:教师作为一种职业应当具备的所有能力的总和。它主要包含教师的师德和理念、学科专业知识和教学知识,它是作为总领的存在,其他能力都被其所涵盖。

教师教学能力:教师在教学活动中为实现既定的教学目标,组织进行教学实施和教学评价的能力。其核心要素包括教学设计能力、教学实施能力、教学管理和评价能力,以及自我发展能力。它是教师专业能力中教学知识的具体体现,因而从概念范畴上来看,教师教学能力应从属于教师专业能力。

教师教育技术能力:以合适技术支持为基础,对教学过程与教学资源进行设计、开发、利用、管理与评价的能力。它强调"技术"在学习资源和学习过程中的应用,这个技术包括现代技术、传统技术、有形的物化技术和无形的智能技术,并不仅仅指的是信息技术。因此,它是教师教学能力与"技术"的有机融合,应该从属于教师教学能力。

教师信息化教学能力:教师教学能力在"信息化"这个特定的时代环境中的转化。核心内涵主要包含信息化教学设计能力、信息化教学实施能力、信息化教学管理和评价能力,以及信息化环境下自我发展能力。它是教育技术能力的核心组成部分,同时作为教师教学能力在特定条件下转变,因而也从属于教师教学能力这个概念。

高职院校专业课教师信息化教学能力:信息时代下高职院校专业课教师从事信息化职业教育教学活动所必需的能力。主要包含信息化教学设计能力、信息化教学实施能力、信息化职业实践能力、信息化教学管理能力和信息化教学评价能力,以及信息化环境下自我发展能力。是教师信息化教学能力着重突出信息化和职业化实践能力等高职教育特征的表现,因而应当从属于教师信息化教学能力。

以上核心概念具体的从属关系和组成要素如图7-1所示。

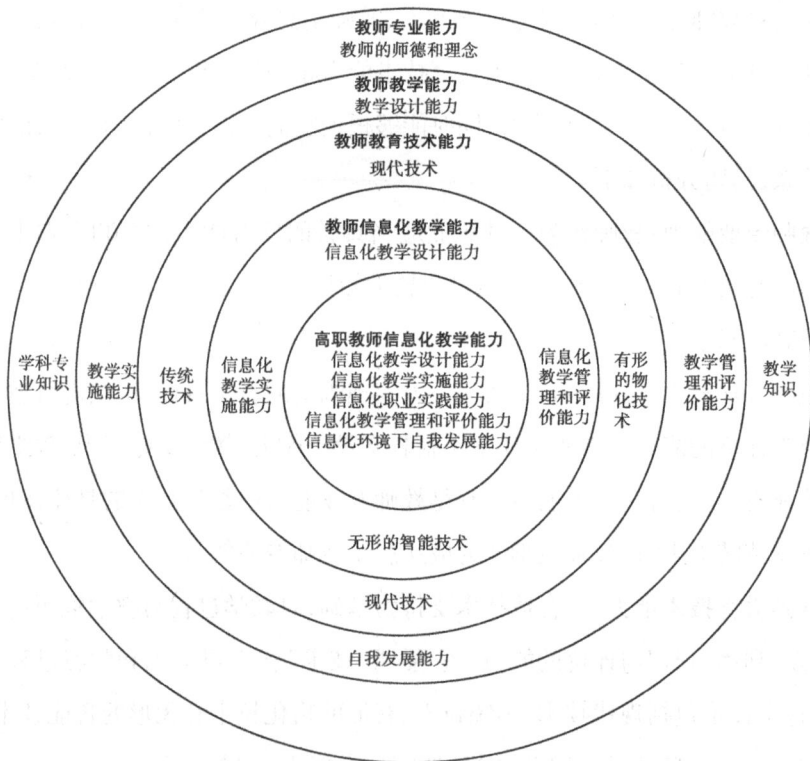

图7-1 核心概念具体的从属关系和组成要素

第二节 教师信息化教学能力标准

随着大数据、物联网、人工智能等技术发展,教师信息化教学能力成为教师从事教育工作必备的一项综合性能力。其他国家纷纷发布了与教师信息化教学能力相关的标准与框架模型,标准研制上对教师各自能力有相应的关注点。其中,联合国教育、科学及文化组织(United Nations Educational, Scientific and Cultural Organization ,UNESCO)发布的《教师信息和通信技术能力标准》,被尼日利亚等其他国家作为基础并形成了符合自己国家特色的教师信息化教学能力框架。我国教育部于2004年发布了《中小学教师教育技术能力标准(试行)》,在相隔10年后的2014年又制定了《中小学教师信息技术应用能力培训课程标准(试行)》,均被用作中小学教师相关能力培训的研究框架。由此可见,不管是从国际趋势还是国内的教育信息化发展需求来看,都强调了教师信息化教学能力方面研究的重要性和必要性,多项教师能力标准也为后续的研究提供了参考依据。

制定和发布的众多与教师信息化教学能力有关的标准里,无论是国内还是国外标准都具有较大影响力并被广泛关注。国外的标准框架如:美国发布的《AECT标准》(2012版);国际教育技术协会(International Society for Technology in Education,ISTE)分别于1993年、1997年、2001年、2008年和2017年发布了《面向教师的美国国家教育技术标准》(NETS-T)。其中,2001年版发布的标准认为教师能够利用技术优化课堂教学和改进专业实践;2008年版提出教师需要有能力促进学生学习和创新能力发展,表现出法律和道德行为的示范作用;2017

年版中强调教师通过自身发展以迁移促进学生的学习,设计学习者有效学习的活动和创设真实环境等,用数据支持学生实现其学习目标的能力。UNESCO 在 2018 年发布《UNESCO 教师信息和通信技术能力框架》(UNESCO ICT-CFT)最新版本标准,但国内最有影响力的是 2004 年和 2014 年相继发布的关于教师信息化方面的能力标准。

一、国内的教师信息化教学能力标准

随着现代信息与通信技术的快速发展,教育部陆续出台了一系列针对教师信息技术能力的标准和指南,推动教师提升在教育教学中应用信息技术的能力。2004 年的《中小学教师教育技术能力标准(试行)》是第一个针对教师教育技术能力的标准,为教师培训提供了重要的指南。然而,随着技术的不断更新和教育环境的变化,这一标准显示出了一定的局限性。为了适应新时期教师在教育教学中应用信息技术的需求,2014 年教育部发布了《中小学教师信息技术应用能力标准(试行)》,这一标准更加注重教师的信息技术应用能力,为教师提供了更具体的能力指南。

针对教师的专业能力,2013 年教育部发布了《中等职业学校教师专业标准(试行)》,明确了职业教师所需具备的专业知识和能力。此外,2019 年教育部发布了《教育部关于实施全国中小学教师信息技术应用能力提升工程 2.0 的意见》,推动教师的能力提升。各省份在实施全国中小学教师信息技术应用能力提升工程 2.0 项目时,也相继推出了针对教师信息化教学能力的发展思路。教育部还发布了《中小学教师信息化教育教学能力发展框架》,指导教师在学情分析、教学设计、学法指导和学业评价等方面的能力提升,适用于不同的信息技术应用环境。标准和指南的出台,旨在提高教师的信息化教学能力,使教师能够更好地应对信息时代的教育需求,提高教学和实训的质量。

政策的推动在这方面起到了关键作用,使得教师信息化能力得到了广泛关注和重视。各级教育部门通过实施不同的提升工程和行动计划,为教师信息化能力的发展提供了指导和支持。教师信息化教学能力的发展是与时俱进的过程,从提升工程 1.0 项目到提升工程 2.0 项目,再到教育信息化 2.0 行动计划的实施,可以看出政府对教师信息化能力的不断关注和推动。这些项目和计划的启动,使得教师能够更好地融合技术与教学,促进了教育的创新与发展。在高职院校专业课教师信息化教学能力的发展中,各地根据本省的情况,结合国内的标准,设计和研制了符合高职院校专业课教师信息化教学能力模型和评价标准。这些模型和标准的制定,为高职院校专业课教师提供了具体的指导和参考,帮助他们全面提升信息化教学能力。

教师信息化教学能力的发展是一个持续的过程,需要教育部门、学校和教师共同努力。通过培训、指导和实践等方式,提高教师的信息化教学能力,将信息技术与职业教育特点有机结合,提高教学和实训的质量。只有不断提升教师的信息化教学能力,才能更好地适应时代的发展和教育的需求。

(一)我国《中等职业学校教师专业标准(试行)》

1. 标准制定的背景

教师资格的考核和认定是教育领域中非常重要的一环。对于高职院校专业课教师来说,教学能力标准需要与职业教育的特点相结合,这些标准可以包括教师应具备的信息技术专业知识,能够将信息技术应用于教学和实训活动中,以及具备组织实训实习的能力等。同样具有"职业"背景的中职教师专业标准可以为制定高职院校专业课教师的教学能力标准提供一些借鉴。

此外,教师的专业发展和评价体系也是需要重视的。建立以教师自评为主、多方共同参与的评价制度,可以帮助教师不断提升自己的教学能力和信息化教学能力。

当然,目前高职院校专业课教师的相关专业标准还未出台,但可以通过各种途径,如培训、指导和实践等来提高教师的信息化教学能力。学校可以加强对教师的培训,提供相关的专业知识和技能的学习机会,同时也可以提供实践机会,让教师能够将所学知识应用到实际教学中。提高高职院校专业课教师的信息化教学能力需要多方面的努力,包括制定专业标准、加强教师培训和提供实践机会等。这样才能够提高教学和实训的质量,为学生的职业发展打下坚实的基础。

2.标准的主要指标体系和内容

《中等职业学校教师专业标准(试行)》将中等职业教师的能力体系分为专业理念与师德、专业知识、专业能力三个维度,其中前两个维度分别包含 4 个二级指标,专业能力包含 7 个二级指标,总计 15 个二级指标,每个二级指标附带若干数量的三级指标描述,形成了专业指标体系,见表7-1。

表7-1　我国《中等职业学校教师专业标准(试行)》的主要指标体系和内容

维度	领域	基本要求
专业理念与师德	(一)职业理解与认识	1.贯彻党和国家教育方针政策,遵守教育法律法规 2.理解职业教育工作的意义,把立德树人作为职业教育的根本任务 3.认同中等职业学校教师的专业性和独特性,注重自身专业发展 4.注重团队合作,积极开展协作与交流
	(二)对学生的态度与行为	5.关爱学生,重视学生身心健康发展,保护学生人身与生命安全 6.尊重学生,维护学生合法权益,平等对待每一个学生,采用正确的方式方法引导和教育学生 7.信任学生,积极创造条件,促进学生的自主发展
	(三)教育教学态度与行为	8.树立育人为本、德育为先、能力为重的理念,将学生的知识学习、技能训练与品德养成相结合,重视学生的全面发展 9.遵循职业教育规律、技术技能人才成长规律和学生身心发展规律,促进学生职业能力的形成 10.营造勇于探索、积极实践、敢于创新的氛围,培养学生的动手能力、人文素养、规范意识和创新意识 11.引导学生自主学习、自强自立,养成良好的学习习惯和职业习惯

续表

维度	领域	基本要求
专业理念与师德	（四）个人修养与行为	12.富有爱心、责任心,具有让每一个学生都能成为有用之才的坚定信念 13.坚持实践导向,身体力行,做中教,做中学 14.善于自我调节,保持平和心态 15.乐观向上、细心耐心,有亲和力 16.衣着整洁得体,语言规范健康,举止文明礼貌
专业知识	（五）教育知识	17.熟悉技术技能人才成长规律,掌握学生身心发展规律与特点 18.了解学生思想品德和职业道德形成的过程及其教育方法 19.了解学生不同教育阶段及从学校到工作岗位过渡阶段的心理特点和学习特点,并掌握相关教育方法 20.了解学生集体活动特点和组织管理方式
	（六）职业背景知识	21.了解所在区域经济发展情况、相关行业现状趋势与人才需求、世界技术技能前沿水平等基本情况 22.了解所教专业与相关职业的关系 23.掌握所教专业涉及的职业资格及其标准 24.了解学校毕业生对口单位的用人标准、岗位职责等情况 25.掌握所教专业的知识体系和基本规律
	（七）课程教学知识	26.熟悉所教课程在专业人才培养中的地位和作用 27.掌握所教课程的理论体系、实践体系及课程标准 28.掌握学生专业学习认知特点和技术技能形成的过程及特点 29.掌握所教课程的教学方法与策略
	（八）通识性知识	30.具有相应的自然科学和人文社会科学知识 31.了解中国经济、社会及教育发展的基本情况 32.具有一定的艺术欣赏与表现知识 33.具有适应教育现代化的信息技术知识

续表

维度	领域	基本要求
专业能力	(九)教学设计	34.根据培养目标设计教学目标和教学计划 35.基于职业岗位工作过程设计教学过程和教学情境 36.引导和帮助学生设计个性化的学习计划 37.参与校本课程开发
	(十)教学实施	38.营造良好的学习环境与氛围,培养学生的职业兴趣、学习兴趣和自信心 39.运用讲练结合、工学结合等多种理论与实践相结合的方式方法,有效实施教学 40.指导学生主动学习和技术技能训练,有效调控教学过程 41.应用现代教育技术手段实施教学
	(十一)实训实习组织	42.掌握组织学生进行校内外实训实习的方法,安排好实训实习计划,保证实训实习效果 43.具有与实训实习单位沟通合作的能力,全程参与实训实习 44.熟悉有关法律和规章制度,保护学生的人身安全,维护学生的合法权益
	(十二)班级管理与教育活动	45.结合课程教学并根据学生思想品德和职业道德形成的特点开展育人和德育活动 46.发挥共青团和各类学生组织自我教育、管理与服务作用,开展有益于学生身心健康的教育活动 47.为学生提供必要的职业生涯规划、就业创业指导 48.为学生提供学习和生活方面的心理疏导 49.妥善应对突发事件
	(十三)教育教学评价	50.运用多元评价方法,结合技术技能人才培养规律,多视角、全过程评价学生发展 51.引导学生进行自我评价和相互评价 52.开展自我评价、相互评价与学生对教师评价,及时调整和改进教育教学工作
	(十四)沟通与合作	53.了解学生,平等地与学生进行沟通交流,建立良好的师生关系 54.与同事合作交流,分享经验和资源,共同发展 55.与家长进行沟通合作,共同促进学生发展 56.配合和推动学校与企业、社区建立合作互助的关系,促进校企合作,提供社会服务

续表

维度	领域	基本要求
专业能力	（十五）教学研究与专业发展	57. 主动收集分析毕业生就业信息和行业企业用人需求等相关信息,不断反思和改进教育教学工作 58. 针对教育教学工作中的现实需要与问题,进行探索和研究 59. 参加校本教学研究和教学改革 60. 结合行业企业需求和专业发展需要,制定个人专业发展规划,通过参加专业培训和企业实践等多种途径,不断提高自身专业素质

《中等职业学校教师专业标准(试行)》的划分对中等职业教师的能力体系进行了全面的规范。专业理念与师德的要求有助于教师树立正确的职业态度和道德情操,使其具备高度的职业素养并尊重关爱学生。专业知识方面,要求教师掌握教育知识、职业背景知识、课程教学知识和通识性知识,以便在教学过程中融入职业知识,发挥"双师型"职业特色。专业能力方面,标准从教学设计、教学实施、实训组织、班级管学评价、沟通交流、研究发展等方面对教师的职业化实践能力做出了具体要求。这些要求能够帮助教师在教学实践和课程教学过程中具备必要的行为能力,同时也突出了职业化的特点。这些专业指标可以为制定高职院校专业课教师的教学能力标准提供参考。在制定高职院校专业课教师的信息化教学能力标准时,可以结合这些指标,并根据高职院校专业课教师的特点和需求进行适当的调整和补充。

因此,专业标准的制定对于教师的专业发展和提升教学能力非常重要。通过制定相应的标准,能够帮助教师提高教学质量,为学生的职业发展提供更好的支持。

3. 我国中职教师专业标准内容的主要特点

(1)着重突出职业化的教师特点

《中等职业学校教师专业标准(试行)》作为职业教育领域中国家权威机构发布的第一份教师能力相关标准,在制定和内容上都着重突出了适用对象的特点,也就是职业化的特征。中等职业教师的专业标准能够帮助教师更好地适应职业教育的特点,并提供更好的教学和实训支持。

对于高职院校专业课教师来说,可以参考这些标准,将其应用到自己的教学实践中。专业理念与道德维度中的职业道德是非常重要的,教师需要树立正确的职业态度和职业道德,以榜样的作用引导学生。在专业知识方面,教师需要全面了解职业背景和现状,以便为学生提供准确的职业指导和支持。在专业能力方面,教师需要根据职业岗位进行教学设计和课程实施,并且能够参与实训实习的组织和安排。

对于高职院校专业课教师来说,还需要具备与行业和产业需求紧密结合的教学能力。这意味着他们需要了解行业和产业的最新发展,以便将其纳入教学内容中,并帮助学生适应职业需求。同时,与企业的合作也是教师的重要任务,可以通过校企合作项目来提供实践机会,让学生接触到真实的工作环境。因此,中等职业教师的专业标准为高职院校专业课教师提供了一个参考,帮助他们提高信息化教学能力,并能够更好地为学生的职业发展做好准备。通过遵循这些标准,教师可以不断提升自己的教学水平,为学生的就业和职业发展提供更好的支持。

(2)强调教师的职业化实践

随着社会的快速发展,职业教育面临着新的挑战和需求。作为职业教师,需要具备扎实的理论知识和丰富的实践经验,能够理论与实践相结合,为学生提供更具有实用性的教育。

《中等职业学校教师专业标准(试行)》(以下简称《专业标准》)的出台,对于职业教师的要求提出了明确的指导。教师应该了解相关行业的现状和趋势,了解所教专业与相关职业的关系和要求,这对更好地指导学生的学习和职业发展是非常重要的。同时,讲练结合、工学结合的教学方法也是非常有意义的,通过实践和实训,让学生更好地掌握专业知识和技能,为将来的就业打下坚实的基础。

对于教师个人来说,参加专业培训和企业实践是提高自身专业素质的有效途径。通过不断地学习和实践,提高自己的教学水平和实践能力,更好地适应职业教育的发展需求。因此,建设"双师型"职业教师队伍是非常重要的,通过不断提高教师的专业素质和实践能力,能够更好地为学生的职业发展提供支持,推动职业教育的发展。

(3)以普适性基本要求来指导教师

《专业标准》是以全国范围内的中等职业教育为基础制定的,旨在为中职教师提供统一的能力标准,其对于职业教师的专业能力要求具有一定的普适性。在这个标准中,对教师的专业能力要求主要是基于教育教学的常规和基本要求,以确保教师有基本的教学能力和素质。然而,也可以看到这些基本要求并不能完全涵盖所有地区和不同发展阶段的教师能力水平。因此在实际应用中,需要根据各地的资源和经济现状,结合教育教学的实际情况,对这些基本要求进行一定的调整和适应。

此外,对于评价的效果、过程和目标,在标准中没有作进一步详述。这可能是因为评价的效果、过程和目标会因教育教学的不同情境而有所差异,不同的学科、不同的地区等都会有不同的评价需求。因此在实际教育教学中,需要根据具体情况,结合评价的目的和要求,制定更具体和有效的评价标准和方法。总的来说,职业教师的专业能力标准确实具有一定的普适性,但也需要根据具体情况进行适当的调整和补充。这样才能更好地指导教师的教育教学工作,提高教育教学的质量。

(二)我国《中小学教师信息技术应用能力标准(试行)》

1. 标准制定的背景

随着信息技术的迅猛发展,教育信息化已经成为教育领域的重要趋势。教育部的发展规划和教师能力标准的制定,都体现了对教师信息化教学能力的重视。过去,教师的信息技术能力主要注重于技术的应用和掌握。然而,随着新技术的不断涌现,教师需要更加关注如何将技术有效地应用于教学过程,促进学生的有效学习和共同发展。国际社会的教师能力标准也在不断发展,从关注技术应用转向关注教师和学生在信息化环境中的学习和发展。这些标准旨在培养学生在数字时代的综合能力,使他们能够适应未来的工作和生活需求。我国教育部也在顺应时代的需求,制定了《中小学教师信息技术应用能力标准(试行)》,旨在帮助教师优化课堂教学,改变学生的学习方式。

然而,随着新技术的不断涌现,教师的信息化教学能力仍然面临挑战。教师需要不断学习和更新自己的知识,将信息技术与职业教育特点有机结合,提高教学和实训的质量。学校可以通过培训、指导和实践机会等方式来提高教师的信息化教学能力。同时,可以参考中职教师的专业标准,制定适合高职院校专业课教师的教学能力标准,从专业理念与师德、专业知识、专业能力等方面进行规范。这样可以帮助教师树立正确的职业态度,提升教学水平,为学生的职业发展提供更好的支持。

2.标准的主要指标体系和内容

《中小学教师信息技术应用能力标准(试行)》的制定着重参考了国际社会关于教师的各种教育技术能力相关标准,如 UNESCO 2011 年版 ICT-CFT 中关于教师发展阶段的参考和 ISTE 2008 年版 NETS-T 标准中关于维度的设置的参考。表7-2 中,在维度上应用标准设置了技术素养、计划与准备、组织与管理、评估与诊断、学习与发展等 5 个一级指标,将教师在教学过程中需要应用到信息技术的理论与实践进行了全面的涵盖,其中的计划与准备、组织与管理、评估与诊断分别对应教师日常实践中的备课、上课与评价,便于教师理解与应用。在二级指标的设置上,标准制定委员会参照联合国对于教师能力标准发展的区分,结合我国当前教师硬件资源和能力水平,并考虑地区差异性,将教师能力的发展分为"应用信息技术优化课堂教学"和"应用信息技术转变学习方式"两种模式,前者着重描述应用技术手段辅助优化课堂教学的能力,是基本要求,主要包括利用信息技术进行讲解、启发、示范、指导、评价等教学活动;后者则注重应用转变学习方式,为发展性要求,主要强调在设备和师生技术能力水平较高的条件下,教师利用信息化手段支持学生开展包括合作、探究学习活动,培养学生能力发展所应具有的能力。

表 7-2　《中小学教师信息技术应用能力标准(试行)》指标体系

维度	Ⅰ.应用信息技术优化课堂教学	Ⅱ.应用信息技术转变学习方式
技术素养	1.理解信息技术对改进课堂教学的作用,具有主动运用信息技术优化课堂教学的意识	1.了解信息时代对人才培养的新要求,具有主动探索和运用信息技术变革学生学习方式的意识
	2.了解多媒体教学环境的类型与功能,熟练操作常用设备	2.掌握互联网、移动设备及其他新技术的常用操作,了解其对教育教学的支持作用
	3.了解与教学相关的通用软件及学科软件的功能及特点,并能熟练应用	3.探索使用支持学生自主、合作、探究式学习的网络教学平台等技术资源
	4.通过多种途径获取数字教育资源,掌握加工、制作和管理数字教育资源的工具与方法	4.利用技术手段整合多方资源,实现学校、家庭、社会相连接,拓展学生的学习空间
	5.具备信息道德与信息安全意识,能够以身示范	5.帮助学生树立信息道德与信息安全意识,培养学生的良好行为习惯
计划与准备	6.依据课程标准、学习目标、学生特征和技术条件,选择适当的教学方法,找准运用信息技术解决教学问题的契合点	6.依据课程标准、学习目标、学生特征和技术条件,选择适当的教学方法,确定运用信息技术培养学生综合能力的契合点
	7.设计有效实现学习目标的信息化教学过程	7.设计有助于学生进行自主、合作、探究式学习的信息化教学过程与学习活动
	8.根据教学需要,合理选择与使用技术资源	8.合理选择与使用技术资源,为学生提供丰富的学习机会和个性化的学习体验
	9.加工制作能有效支持课堂教学的数字教育资源	9.设计学习指导策略与方法,促进学生的合作、交流、探索、反思与创造
	10.确保相关设备与技术资源在课堂教学环境中正常使用	10.确保学生便捷、安全地访问网络和利用资源
	11.预见信息技术应用过程中可能出现的问题,制订应对方案	11.预见学生在信息化环境中进行自主、合作、探究学习可能遇到的问题,制订应对方案

续表

维度	Ⅰ.应用信息技术优化课堂教学	Ⅱ.应用信息技术转变学习方式
组织与管理	12.利用技术支持,改进教学方式,有效实施课堂教学	12.利用技术支持,转变学习方式,有效开展学生自主、合作、探究式学习
	13.让每个学生平等地接触技术资源,激发学生学习兴趣,保持学生学习注意力	13.让学生在集体、小组和个别学习中平等获得技术资源和参与学习活动的机会
	14.在信息化教学过程中,观察和收集学生的课堂反馈,对教学行为进行有效调整	14.有效使用技术工具收集学生学习反馈,对学习活动进行及时指导和适当干预
	15.灵活处置课堂教学中因技术故障引发的意外状况	15.灵活处置学生在信息化环境中开展学习活动发生的意外状况
	16.鼓励学生参与教学过程,引导学生提升技术素养并发挥其技术优势	16.支持学生积极探索使用新的技术资源,创造性地开展学习活动
评估与诊断	17.根据学习目标科学设计并实施信息化教学评价方案	17.根据学习目标科学设计并实施信息化教学评价方案,并合理选取或加工利用评价工具
	18.尝试利用技术工具收集学生学习过程信息,并能整理与分析,发现教学问题,提出针对性的改进措施	18.综合利用技术手段进行学情分析,为促进学生的个性化学习提供依据
	19.尝试利用技术工具开展测验、练习等工作,提高评价工作效率	19.引导学生利用评价工具开展自评与互评,做好过程性和终结性评价
	20.尝试建立学生学习电子档案,为学生综合素质评价提供支持	20.利用技术手段持续收集学生学习过程及结果的关键信息,建立学生学习电子档案,为学生综合素质评价提供支持

续表

维度	Ⅰ.应用信息技术优化课堂教学	Ⅱ.应用信息技术转变学习方式
学习与发展	21.理解信息技术对教师专业发展的作用,具备主动运用信息技术促进自我反思与发展的意识	
	22.利用教师网络研修社区,积极参与技术支持的专业发展活动,养成网络学习的习惯,不断提升教育教学能力	
	23.利用信息技术与专家和同行建立并保持业务联系,依托学习共同体,促进自身专业成长	
	24.掌握专业发展所需的技术手段和方法,提升在信息技术环境下的自主学习能力	
	25.有效参与信息技术支持下的校本研修,实现学用结合	

3.我国教师信息化应用能力标准内容的主要特点

（1）针对不同情境的标准制定

针对不同教学环境对教师信息化应用能力的要求进行了划分,这是非常合理和必要的。不同地区的经济社会发展水平和教育资源配置存在差异,因此在制定标准时要考虑这些差异,将教师能力要求与教学环境相匹配,可以提高标准的通用性和适用性。通过划分教学环境,标准对教师在不同环境下所需具备的能力进行了细化和明确。对于简易多媒体教学环境和交互性多媒体教学环境,标准要求教师能够利用技术支持改进教学方式,提高课堂教学的效果。而对于网络教学环境和移动学习环境,标准则强调教师要能够利用技术支持,引导学生进行自主、合作和探究式学习。针对不同情境提出不同教师能力要求,能够使教师在不同环境下更好地应用信息技术,提高教学质量。同时,这也提醒教师在教学实践中要根据自己所处的环境和条件,灵活运用信息化教学手段,以更好地满足学生的学习需求。

（2）聚焦应用能力的价值取向

《中小学教师信息技术应用能力标准（试行）》突出了技术应用的价值取向,符合当前教育发展的趋势。标准内容的制定从技术环境、教学模式、应用目的、应用形式和代表性工具五个方面进行描述,着重强调了对工具应用的要求。这种应用性导向的描述能够指导教师在不同的教学环境中灵活运用信息技术,提高教学效果。

标准在优化课堂教学要求下的描述,如利用展示软件对教学材料进行呈现和讲解,通过示范和启发提高学生的学习效率和效果,并对学生进行评价,体现了应用性导向的能力要求。同样,在发展性要求中注重教师运用技术培养和激励学生的自主学习和合作学习,也突出了对教师技能应用的价值取向。技术应用取向的标准制定,可以帮助教师将技术应用与教学活动有机结合,提高工作效率,促进学生与教师的共同持续学习和发展。通过标准的指导,教师可以更好地应用技术,创造积极的学习环境,推动学生的学习和发展。同时,标准的制定也为教师提供了明确的目标和指引,帮助他们不断提升信息化教学能力,适应现代教育的需求。

(3)贯穿教学过程的应用能力体系

技术素养是教师信息化教学能力的基础,教师应该具备积极的态度和意愿去学习和应用技术。计划与准备是教师在教学前要考虑的重要环节,合理设计和开发教学资源,选择适合的媒体工具,能够提高教学效果。组织与管理是教师在课堂中的重要任务,通过运用技术进行知识传授和教学活动组织,能够提高学生的参与度和学习效果。评估与诊断是教师对学生学习情况进行评价和分析的过程,通过使用工具记录学生的表现,进行形成性和总结性评价,教师能够更好地了解学生的学习情况并进行教学调整。学习与发展是教师课后的重要环节,教师应该利用技术进行教学研究和主动学习交流,不断提升自己的教学水平。这些指标维度的提出,可以帮助教师全面提高信息化教学能力,为学生的职业发展提供更好的支持。

二、国外教师信息化教学能力标准

国外对教师信息化教学能力也提出了一定的标准。《ICT应用于学科教学的教师能力标准》强调教师应将信息通信技术应用于学科教学中,并能够评估学生在信息通信技术方面的能力。《面向教师的美国国家教育技术标准》

（NETS-T）则提出了五个维度的能力要求，包括教学和学习、专业发展、数字资源、评估与评价及社会和伦理问题。而《教师信息与通信技术能力框架》（ICT-CFT）则将教师的信息与通信技术能力分为三个维度，包括教学、学习和专业发展。

国际标准对于高职院校专业课教师信息化教学能力的提升具有借鉴意义。高职院校可以结合自身的特点，参考这些标准，制定适合高职院校专业课教师的信息化教学能力标准，从专业知识、教学能力、评估与反馈、学习资源等方面进行规范，帮助教师提升信息化教学能力，更好地适应职业教育的需求。同时，学校也可以通过培训、指导和实践机会等方式来提高教师的信息化教学能力，营造良好的信息化教学环境，推动信息化教学在高职院校的广泛应用。

（一）英国《ICT 应用于学科教学的教师能力标准》

ICT 指的是 Information and Communications Technology，字面的意思指的是信息与通信技术，国内常将其翻译为"信息技术与通信技术"或"信息技术"。英国1998 年颁布的《ICT 应用于学科教学的教师能力标准》距今已超过 20 年，可能很多人认为其已经"过时"了，但作为最早被引进国内，涉及如何在教师学科教学中应用信息技术手段的标准，其影响了我国及世界各国对信息技术相关标准的构建，具有划时代的意义，其中部分观点在今天看来也依然具有借鉴的意义，因而将此标准作为理论研究的组成之一。

1. 标准制定的背景

1998 年，英国教育与就业部颁布了《英国信息通信技术课程纲要》，首次提出教师应用 ICT 的相关要求，同年 9 月英国教师培训署启动了"新机会基金"支持下的《学科教师应用 ICT 教师能力培训计划》，培训的目标主要包括培训教师在学科教学中有效教学与评价、正确选择和有效利用 ICT 提供的必要知识、理解和技能。为正确引导培训内容和实现教师考核，英国教育与就业部等部门适时颁布了《ICT 应用于学科教学的教师能力标准》，在此标准中，ICT 不仅被定义为一种教学使用的工具，更重要的是它还被赋予促进学生学习效果的作用，并认为是教师培训和教师专业发展中一个重要因素。

英国教师学习网的教师认为 ICT 可以帮助他们建立信心和能力,在教师教学中有效地应用 ICT 来解决问题能促进他们的教师专业发展。最开始的 ICT 培训目标是使教师具备基本的信息技术知识、理解和技能,能实现让教师有效地将 ICT 应用于具体学科教学,并利用 ICT 来支持自身的发展,当然不同学科和先备知识的情况下,该标准的要求是不同的,需要具体到学科的教学环境中去解读。

2. 标准的主要指标体系和内容

英国的《ICT 应用于学科教学的教师能力标准》从 2 个一级指标对教师应用 ICT 的能力进行了描述,分别为基于 ICT 的教学方法与评价和 ICT 应用的基础知识与技能规范。在这两个一级指标下,分别设了 9 个二级指标,总计有 18 个二级指标来描述在学科教学过程中应该注意的问题,每个问题下面分别又设了若干个具体描述的三级绩效指标情境。总体来讲,英国的《ICT 应用于学科教学的教师能力标准》可以视作 2(18)N 模式(2 表示 2 个一级指标,18 表示 18 个二级指标,N 表示若干个三级描述指标)。通过对原始文献的翻译和梳理,将各级指标具体的内容通过表 7-3 来呈现。在此要说明的是,该标准三级指标中更多的是对具体教学情境的描述,因而在翻译整理时有选择地对其进行了筛选,筛选的主要方式是删除相同的教学情境下的不同方面的描述,以及将不符合当前日常使用的技术描述去除。

表 7-3　英国《ICT 应用于学科教学的教师能力标准》具体内容

能力维度	二级指标	三级指标
基于 ICT 的教学方法与评价	1. ICT 的概念与作用	(1)ICT 能快速、智能化地帮助教师去解释、探究教学问题 (2)ICT 能帮助教师获取海量的信息 (3)使用 ICT 加工、存储、呈现信息能提高教师工作效率 (4)ICT 能为学习者提供不同的交流方式,实现个性化定制

续表

能力维度	二级指标	三级指标
基于 ICT 的教学方法与评价	2. 应用 ICT 实现教学目标的意识	(1)ICT 使用的第一准则是为实现教学目标 (2)避免过度使用 ICT,如其他技术可代替的简单任务 (3)学科教学中使用 ICT 时需要在设备、内容、方法等方面作必要区分 (4)技术的使用是为了更好地呈现教学内容,不能本末倒置 (5)意识到 ICT 的应用能促进学生的能力发展,使学生具备: ①有效利用 ICT 回答与所教学科课程有关的问题 ②记录学习过程,并且能够评价和改进自己的学习效果 (6)在学科教学中贯彻使用 ICT
	3. 教学过程中 ICT 的合理使用	(1)知道 ICT 应该用于满足教师的教和学生的学 (2)知道技术能帮助教师创设情境,激励、指导学生的学习 (3)知道技术能用来记录学习过程,实现过程性评价 (4)知道使用 ICT 对教学内容的呈现和传授产生的影响,能有效控制这种影响 (5)在部分学科中,将学生应用 ICT 的能力作为教学的目标
	4. 媒体资源的开发与利用	(1)教学中使用 ICT 时,确保学生知道关注的主题 (2)确保学生使用 ICT 进行个人或合作学习时的参与度 (3)确保媒体资源的使用服务于实现教学目标 (4)资源使用时要消除其不利影响,着重关注其在健康和安全方面的问题 (5)ICT 是用于支持教学的,而不是占主导地位,应确保其融入学习活动当中
	5. ICT 对促进学生的学习有重要的作用:区分特定学科的 ICT 使用	
	6. 合理选择 ICT 实现教学目标,批判地使用	
	7. ICT 能力的发展	(1)掌握在学科教学中 ICT 应用的情境 (2)准确、恰当地使用 ICT 术语,能够向学生解释术语方面的问题 (3)树立使用 ICT 的实践范例,培养学生的信息素养

续表

能力维度	二级指标	三级指标
基于 ICT 的教学方法与评价	8. 应用 ICT 的教学评价	(1)通过应用 ICT 观察学生的学习过程： ①观察学生基于 ICT 的活动,以及实现教学目标的过程 ②让学生反思 ICT 对其学习的促进作用 (2)知道使用 ICT 时的标准： ①认识到使用 ICT 会改变教师对学生学习效果的预期 ②引导学生理解 ICT 呈现的内容而不是简单复制 ③确保基于 ICT 的教学活动的评价能够反映学生的学习过程和学习的质量 ④使用 ICT 进行形成性评价、诊断性评价和总结性评价
	9. ICT 对 3 ~ 5 岁儿童的使用	(1)鼓励儿童熟悉和使用 ICT (2)教给学生输入设备的操作技能,如鼠标、键盘的使用 (3)使用 ICT 促进儿童语言表达能力和读写能力的发展 (4)使用 ICT 培养儿童对数字的认知、操作 (5)使用 ICT 支持儿童创新能力的发展 (6)鼓励儿童使用 ICT 进行协作学习
ICT 应用的基础知识与技能规范	10. 学科内容与 ICT 的融合与评价	(1)在学科教学的过程中评价 ICT 对其全部教学活动开展的作用 (2)了解在学科教学中如何正确使用 ICT,并进行反思交流
	11. 工具的使用基础	(1)掌握 ICT 的基本工具,如文字处理软件、电子邮件、PPT、数据处理软件等 (2)知道和理解信息的特征,掌握网络信息交流的能力
	12. 应用 ICT 搜索、加工、传播信息	
	13. 掌握对技术的综合使用	
	14. 指导 ICT 在教学准备和教学呈现方面的潜力	
	15. 学生 ICT 能力的培养	(1)知道所教学生应具备的 ICT 能力水平,并进行培养 (2)对学生使用 ICT 有良好的预期
	16. 教学策略和工具的使用	(1)了解信息化的教学策略和工具,知道如何使用工具为学生准备教学材料 (2)掌握资源的开发与设计 (3)掌握与所教学科密切相关的 ICT 工具 (4)能使用教学软件和课件

续表

能力维度	二级指标	三级指标
ICT 应用的基础知识与技能规范	17. 信息化道德与伦理	(1)知道使用计算机的规范,能清除和规避潜在的危险 (2)法律相关的问题: ①确保个人信息安全 ②遵重网络知识产权 ③遵守国家法律 (3)与伦理有关的问题: ①不通过因特网获取不适合传播的资源 ②使用资源应获得许可 ③不违反社会伦理或道德
	18. 应用 ICT 促进自身发展	(1)能够使用 ICT 辅助教学管理,提高工作效率 (2)应用 ICT 了解当前研究的焦点问题和理论 (3)知道如何使用 ICT 去获得帮助和支持获取教学方案 (4)知道应用 ICT 来促进专业发展

从以上整理的表格可以看到英国 ICT 标准主要内容分为基于 ICT 的教学方法与评价和 ICT 应用的基础知识与技能规范两个部分。第一部分侧重介绍了教师应该掌握 ICT 的基本的概念、应用的意识、应用的规范,以及 ICT 在具体学科应用中要遵循的准则。第二部分侧重介绍了 ICT 在应用时教师应具备的基础知识和技能,强调学科知识和 ICT 的融合,对教师应该掌握的软件和具备的信息加工能力进行了要求,同时强调了 ICT 应用的道德和法律规范。

第一部分基于 ICT 的教学方法与评价,设置了 ICT 的概念与作用、应用 ICT 实现教学目标的意识、教学过程中 ICT 的合理使用、媒体资源的开发和利用等 9 项二级指标,着重对 ICT 的定位和基本内涵做了介绍,也强调了应用的意识规范。如,应用 ICT 实现教学目标的意识中就提到了 ICT 使用的第一准则是"为实现教学目标",为整个 ICT 标准定下了基调,即 ICT 在此是作为服务工具使用的,更多的是作为教学的辅助工具"不占主导地位",要意识到 ICT 工具可能带来的影响,不能"过度使用"信息技术。不过另一方面也强调了 ICT 对于促进学生学习的作用,提醒教师要在"学科教学中贯彻使用 ICT 的意识",并利用 ICT 进行对学生学习过程的观察和评价。其中,还对 ICT 应用的对象做了介绍,第 9 个二级指标中单独列出了对 3~5 岁儿童使用 ICT 技术的作用,明显是针对幼儿教师 ICT 培训而特定加入的内容,为的是凸显 ICT 技术在学生各个阶段都适用的特性,间接强调了对 ICT 技术的重视。

英国 ICT-ST 标准第二部分的篇幅明显比第一部分要小,着重在强调技术使用和规范的内容方面,有 3 个二级标题没有下设的三级标题描述,只是简单地一笔带过,这个与当时信息技术和软件的发展程度有较强的关系。1998 年应用于教学的技术和软件数量并不多,更多的是如标准中提到的文字处理软件、PPT 展示软件和电子邮箱等,对于声音和视频等媒体的使用部分内容较少,但也强调"媒体工具的选择""培养学生的 ICT 能力和素养""将 ICT 融合进具体学科"等思维,同时在最后的部分还特地强调了 ICT 应用的道德和法律规范,以及信息化手段使用的潜在风险。

3. 英国 ICT-ST 标准内容的主要特点

(1)突出培训指导标准的身份定位

英国 ICT-ST 标准的来源是基于英国教育与就业部为推进对教师的 ICT 培训,因此其制定的目的和对内容的描述更多的是为培训项目而服务的。首先,从其框架上的设置来看,2 个一级指标和 18 个二级指标的内容并没有十分强的逻辑联系,18 个二级指标的设定逻辑并不具有互斥性,而是根据由浅到深的项目来介绍的。此外,整个标准的描述语言也凸显了其"培训指导标准"的特色,有部分的指标是用要求或者研讨形式出现的,如:"期望学生有效地使用 ICT 进行学习"和"清晰地讨论,知道 ICT 应用在哪些地方是必要的"(呈现时已进行了重新转换)。以培训指导为目标的定位决定了其在描述的时候是启发式的,要引发教师的讨论和思考的,而不是告诉教师要做到怎样的指标,它能适用于教师培训的课程指导,具有较强的启发性和引导性。

(2)强调对 ICT 重视的同时谨慎应用

标准对于 ICT 的重要作用是持肯定和重视的态度,在其中的描述中从不同的角度强调了应该在教学中应用 ICT 的提倡,如"努力贯彻在学科教学中应用 ICT""知道 ICT 对学生能力发展的重要作用"等描述,都体现了教育部对 ICT 的重视。但另一方面,对于教学中"新兴"元素的使用却十分谨慎,强调要"了解和消除使用中带来的影响""不能过度使用 ICT""ICT 是用于支持教学的,而不是占主导地位",这说明在对 ICT 的使用上,标准贯彻的是将其视为辅助工具进行界定的。认为其在教学活动中充当的是一种工具,要合理和规范地使用它,认识到其潜在可能带来的道德和法律上的危险性及对教学活动的影响,强调了对 ICT 技术的重视和谨慎使用。

(3)大范围浅层次的通用特性

通用性原则在 ICT 适用的对象上能够看出来,它作为教师培训的指导标准,并没有将固定的教师群体设为应用的对象,而是适用于所有可能接触到 ICT 技术的教师,包括职前、在职的不论是中小学还是幼儿阶段的教师,其中还针对儿童教育中应用 ICT 的作用提出了小部分内容。大范围的适用对象也决定了其描述内容的概括性,普适性的前提下对具体学科、具体教学策略、工具等的描述都高度概括,因而必然属于较浅的层次。这种普适性凸显了在制定教师相关标准的时候,所针对的适用对象越窄,描述的内容应该越深入。

(二)美国《面向教师的美国国家教育技术标准》(NETS-T)

1.标准制定的背景

作为从第二次世界大战时期就开始将媒体技术应用于教师培训的美国政府一向高度重视信息技术在教学中的作用,早在 20 世纪 90 年代初,美国 ISTE 就根据当时技术的发展现状为服务教师专业发展制定出了第一版的《面向教师的美国国家教育技术标准》(NETS-T),但因为当时技术的发展还未引起教学过程的大变化,第一版本的 NETS-T 标准的内容及影响力都不高。标准的真正发展始于克林顿政府在 1996 年初提出的《教育技术纲领》,在纲要中政府提出了教育技术的四大挑战目标:实现所有学校接入互联网、实现每所学校都有良好的应用条件、在课程教学中有适当的教学资源可供参考、教师具备技术与课程整合的必要技能,希望以此培养美国儿童具备 21 世纪的基本技能。此后,关于教师的教育技术能力标准开始引起教育部门的重视,经历了新一轮的更新和修改。2008 年在北美最大的教育技术会议——第 29 届全美教育信息化年会(National

Education Computing Conference，NECC）上，ISTE 正式发布了最新版的 NETS-T2008 年的标准，从 1993 年第一版的 NETS-T 标准，到 1997 年版和 2000 年版直至目前最新的 2008 年版 NETS-T 标准，在政策和教师培训计划的推动下，历经了 4 次的论证与修订。

2.标准的主要指标体系和内容

美国国家教育技术标准根据适用的对象分为面向学生、面向教师和面向管理人员 3 个不同版本，本研究选取以面向教师的版本来进行研究。面向教师的 NETS-T 标准的内容体系发展经历了从 1993 年第一版的 13 项能力指标到 1997 年版的三大能力、18 项指标，再到 2000 年版的六大能力、23 项指标，直至最新的 2008 年版的五大能力维度和 20 项指标的过程。旧版的 NETS-T 标准更多的是强调教师了解技术和应用技术的能力，而 NETS-T2008 年标准则将这一焦点提高到在信息化时代的教师如何促进学生有效学习，旨在提升学生高效生活的能力，强调让教师培养学生成为具有高效信息化学习能力的数字化公民。表 7-4 为美国 2008 版《面向教师的国家教育技术能力标准》（NETS-T）的 5 个能力维度和 20 项主要指标。

表 7-4 美国 2008 版《面向教师的国家教育技术能力标准》（NETS-T）具体内容

5 大能力维度	20 个二级指标
促进学生学习与开发学生创造力	1.以自身为典范，促进、支持学生创造性和创新性思维的提升 2.鼓励学生使用数字化工具和资源解决现实世界中的问题 3.引导学生使用协作工具进行反思，揭示学生对概念的理解、思考、创设的过程 4.与学生、同事及他人在现实或虚拟环境中进行协作学习的同时，树立协作知识建构的榜样
设计、开发数字时代下的学习材料与评价工具	5.能够设计、整理整合数字化工具与资源的学习材料，促进学生的学习与创造力发展 6.能够创设信息化学习环境，使学生成为追求自我成长、设定自我学习目标、管理自我学习过程、评估自我学习结果的积极参与者 7.能够针对不同学习风格、学习策略、技术水平及资源能力的学生设计多样化及个性化的学习活动 8.能为学生提供多种与学习内容和技术标准相一致的形成性评价与总结性评价，并能利用评价结果支持教与学的活动

续表

5大能力维度	20个二级指标
树立数字化时代学习和工作的榜样	9.掌握信息化时代下与教学相关的各种技术,并能够将现有知识迁移到新技术与新情境中 10.能够使用多种数字化媒体工具、资源与学生、同事、家长、社区成员展开协作,促进学生学习和创新能力发展 11.能够使用多种数字化媒介或方式与学生、家长及同事进行想法和信息的有效沟通 12.能够有效应用各种数字化工具来查找、分析、评价和使用信息资源,以支持自身研究和学习,并为学生树立榜样
提升数字化时代公民素养与责任意识,为学生树立榜样	13.能够提倡并示范如何安全、合法、符合道德规范地使用数字化信息技术,包括尊重版权、知识产权以及资料来源,为学生树立榜样 14.能够运用以"学习者为中心"的策略,根据不同学生的需求,提供平等使用合适的数字化工具、资源的机会 15.能够提升自身网络环境下的礼仪和社会交往的责任感,并为学生树立榜样 16.能够使用数字化交流、协同工具,在与不同文化背景的同事及学生进行交流的过程中提升自身文化理解力和全球意识,为学生树立榜样
专业能力和信息化领导力的发展	17.能参与区域性或全球性的学习共同体,探索信息技术的创造性应用,以更加有效地促进学生的学习 18.能通过在前景预测、共同决策、学习社区构建、提升他人信息技术水平和领导力的活动中引入新技术,以展示自身的领导力 19.能够定期评价和反思当前自身的研究及专业实践,以便更好地应用现有的及新兴的数字化工具、资源支持学生的学习 20.能够为自我教师职业和所在学校及社区构建活力和不断发展做出贡献

NETS-T—2008年将2000年原有的6个能力维度和23项指标,变更为5个能力维度和20项指标,从维度和指标数量来看,2008年标准内容似乎有所减少,但其实从指标的具体内容来比较(表7-4),新版的标准对教师的要求较之前要更具挑战性和前瞻性,内容上其实也更加丰富。两个版本之间具有明显的差异,2000年的标准强调教师"信息技术概念与操作",发展到2008年变为强调教师"促进学生学习、激发学生创造力"的能力,整个NETS-T标准的重心发生了转变。美国教师教育信息化水平提升的背景下,信息化教学的追求也发生了改变,

NETS-T 也要适应时代的要求,对教师应用信息技术更多地强调对学生发展和创新力的培养。此外,"运用技术"在 2000 年标准中高频率的出现,表明教师运用技术的能力是其主要追求,而到了 2008 年标准关注的则在于促进学生发展和教师自身发展,是从技术应用到能力提升的一种质的改变。超越教师本职工作作为核心的范畴,将标准的目标升华到了追求教师树立技术应用的典范和榜样,发挥领导力,将技术应用于学生发展和自身发展的追求上。

3. NETS-T—2008 标准内容的主要特点

(1)强调教师与学生创新能力的共同发展

美国 NETS-T—2008 标准的第一个能力维度就强调了"促进学生学习与开发学生创造力",其中强调要引导学生使用协作工具进行自我反思,以及要鼓励学生使用数字化工具和资源来解决现实世界中的问题,这些要求的前提均是以教师要先示范或者树立榜样来让学生模仿。在学生模仿的背景下,引导学生进行能力的迁移,不断激励学生进行创新意识的培养。与此同时,标准也不断强调教师应该发挥创新意识,不单单是追求技术的应用,还要求教师主动学习并将新的技术融合到教学活动中,培养自身的创新能力发展。将教师的能力发展与学生的能力发展一体化,要求教师以学生能力发展为价值取向,提升自身的信息化教学能力。

(2)强调教师的模范作用和信息化领导力

在标准的 5 个一级能力维度中出现了 2 次树立榜样,分别是"树立数字化时代学习和工作的榜样"和"为学生树立数字化时代公民素养与责任意识榜样"。可以看到,NETS-T—2008 标准对教师教育的方式进行了明确的引导,要求教师在应用信息技术进行教学活动时,是以树立榜样为出发点的,也就是教学的方式是以示范性和启发性为主,教师在应用信息技术进行教学的同时,要引导学生规范地使用技术进行学习、交流和反思。此外,NETS-T—2008 标准还首次提出了"信息化领导力"的概念,强调在共同决策、学习共同体构建和提升他人信息技术水平的活动中引入新技术的能力,展示对教学过程和教学技术的把控能力。

（3）关注数字化资源的应用

NETS-T—2008 之前的版本都突出强调信息技术的熟练掌握,强调在教学设计、实施和评价等教学活动中熟练应用信息技术。从 2008 版开始,标准对"技术"的关注转向了对"资源"的应用,更加关注数字化资源的应用,由数字化资源引起的教师能力发展、学生能力发展、学习环境变化等。提出了要"能够用整合了数字化资源的学习材料,促进学生的学习与创造力发展""重视学生的资源应用能力""鼓励学生使用数字化资源解决现实世界中的问题",并强调教师要"使用多种数字化媒体工具、资源与学生、同事、家长、社区成员展开协作"给学生"提供平等使用合适的数字化工具、资源的机会"等。从简单技术的应用为导向,到强调数字资源的使用和加工,是对教师技术应用的综合能力的更高要求,因为资源的有效使用和开发是建立在熟练掌握技术的基础之上的。

（三）UNESCO《教师信息与通信技术能力框架》(ICT-CFT)

1. 标准制定的背景

2007 年,UNESCO 与思科等国际科技公司及美国的国际教育技术协会(ISTE)合作,开展了面向下一代的教师计划,并于 2008 年 1 月,在伦敦召集 100 多个国家的教育部长和媒体发布了第一版的《教师信息和通信技术能力标准》(《ICT-CST-2007》标准)。经过 3 年多的应用与反馈,2011 年 11 月,UNESCO 发布了《教师信息与通信技术能力框架》(《ICT-CFT—2011》框架)。《ICT-CFT—2011》框架在继承《ICT-CST—2008》标准的基础上,从内容和整体的结构体系上都进行了一系列的修改,更加突出地体现其全球范围的适用性和对教师发展性的关注,具有较强的实践价值和指导意义。

2. 标准的主要指标体系和内容

标准提出了一些对高职院校专业课教师信息化教学能力的建议。首先,高职院校专业课教师应该具备良好的信息技术专业知识。教师需要了解最新的信息技术发展趋势,熟悉各种教学软件和工具的使用,能够灵活运用信息技术进行教学和实训活动。其次,教师需要具备组织实训实习的能力。高职院校的教学以实践为主,教师需要能够合理组织实训和实习活动,指导学生进行实际操作,并能及时给予学生反馈和指导。学校可以通过培训、指导和实践机会等方式来提高教师的信息化教学能力。学校可以组织相关的培训课程,提供教师参与实际项目的机会,鼓励教师积极探索和应用信息技术在教学中的应用。最后,可以参考中职教师的专业标准,制定适合高职院校专业课教师的教学能力标准,从专业理念与师德、专业知识、专业能力等方面进行规范。这样可以帮助教师树立正确的职业态度,提升教学水平,为学生的职业发展提供更好的支持。

本研究聚焦于教师能力的描述上,着重对《ICT-CFT—2011》框架中的教师信息化教学能力和标准内容进行研究,具体内容见表7-5。

表7-5　UNESCO《ICT-CFT—2011》教师能力描述

维度/阶段	技术素养阶段	知识深化阶段	知识创造阶段
1. 理解教育中的ICT	政策意识:教师能够知道相关政策,并能清晰表达如何确保教学活动与政策相一致	政策理解:教师能深入理解国家政策和迫切的社会需求,能够设计、修改和实施支持这些政策的课堂实践	政策创新:教师能理解国家政策的目的,能够对教育改革政策的讨论有所贡献,并参与到设计、执行和修改这些政策的实施计划中
2. 课程与评估	基础知识:教师必须有扎实的本学科课程标准、标准评价策略等方面的知识。此外,还必须能将技术整合到课程中	知识应用:教师必须深入理解所授学科的知识,并能在各种情境下灵活运用;他们还必须能够创设复杂的问题,以问题的解决方案来测量学生对知识的掌握程度	知识社会的技能:教师必须了解复杂的人类发展,(如认知、情感和生理发展);知道在何种情境下学生可以更好地学习;必须预测并有能力解决学生遇到的各种问题;必须具备支持复杂学习过程的能力
3. 教学法	整合技术:教师必须知道在何时(以及不在何时)、何地、对谁,以及如何在课堂活动与授课中使用ICT	复杂问题解决:教学以学习者为中心,以富有技巧的方式、有目的地开展教学,同时要设计问题任务、引导学生学习、支持学生的合作活动;教师需要具备帮助学生创造、实施和监测项目计划和解决方案的能力;此外,教师还需要注重学习中的评价,并以此作为基本的原则来指导自己的实践	自我管理:教师在教学过程中树立学习的规范榜样,并构建情境让学生运用这些认知技能

维度/阶段	技术素养阶段	知识深化阶段	知识创造阶段
4. 信息与通信技术（ICT）	基本工具：教师必须知道基础的软硬件操作，包括办公软件、浏览器、通信软件、演示软件和管理应用软件等	复杂工具：教师必须熟悉各种学科工具和应用程序，并能够在各种基于问题、项目的情境中灵活使用；学生在分析和解决问题时，教师能够使用网络资源来帮助学生合作、获得信息、与外部专家交流；教师应当能够使用ICT创建和监控学生个人与小组的项目计划	普适工具：教师必须能够设计基于ICT的知识社区（知识共同体），并运用ICT来支持、培养学生的创新意识及持续的反思性学习
5. 组织与管理	标准课堂：教师能在全班、小组、个人学习活动中使用技术，并确保每个学生都可平等获取教学资源	协作小组：教师必须能够创建灵活的课堂学习环境，在这种环境中整合以学生为中心的活动，并且灵活地应用技术来支持协作学习	学习型组织：教师应能够发挥领导作用，培训同事并为之提供后续支持，参与实施其学校建立基于ICT的创新、持续学习社区的愿景
6. 教师专业学习	信息素养：教师必须具备必需的网络资源的技术性知识与能力，以便使用技术获得更多的学科内容与教学法知识，促进自身专业发展	管理与组织：教师必须要有能力和知识创建和管理复杂的项目，与其他教师合作，使用网络去获取信息、与其他同事或外部专家联系来支持他们的专业学习	学习者模范：教师还必须具备能力、动机、意愿和支持不断地参与教育实验和创新，进而运用ICT来创造一个基于知识创新的专业学习社区

UNESCO的ICT-CFT标准为教师在信息化环境下的教学应用提供了详细的能力指标和方法案例。对于制定高职院校专业课教师的信息化教学能力标准来说，可以借鉴这些指标，并结合高职院校教学和实训的特点进行适当的调整。

在制定教师信息化教学能力标准时，可以参考ICT-CFT标准中的6个维度，以及技术素养、知识深化和知识创造三个阶段。针对这些维度，可以明确高职院校专业课教师在信息化教学中应具备的能力目标，如掌握基本的信息技术工具和软件，能够灵活运用它们进行教学设计和实践活动；能够利用互联网资源和在线学习平台,辅助学生的学习和实训;能够使用多媒体和互动式教学工具,提高教学效果等。

此外,还可以参考 ICT-CFT 标准中的教师能力指标,具体描述教师在信息化教学中应展现的行为和能力,例如:教师应能够根据学生的学习特点和需求,设计和实施信息化教学方案;能够评估学生在信息化环境中的学习成果,提供个性化的指导和反馈;能够与同行进行合作和交流,分享信息化教学的经验和教材资源等。最后,制定高职院校专业课教师的信息化教学能力标准时,可以结合学校的实际情况,考虑到教师的专业背景和教学任务的特点,制定具体的培训计划和指导措施,以提高教师的信息化教学能力,为学生的职业发展提供更好的支持。

3. UNESCO ICT-CFT 框架内容的主要特点

(1)结合社会发展状况构建教师目标

ICT-CFT 框架可以帮助教师适应社会发展的需求。随着信息技术的快速发展,教师的信息化教学能力也变得越来越重要。在高职院校教育中,教师需要掌握信息技术的专业知识,并能将其应用于教学和实践活动中。只有这样才能提高教学和实训的质量,为学生的职业发展提供更好的支持。

在教师的信息化教学能力培养方面,学校可以通过培训、指导和实践机会等方式来提高教师的能力。培训可以包括信息技术知识的学习,教学设计和教学工具的应用等。指导可以通过教学观摩、教学交流等形式进行,让教师了解和学习其他教师的优秀实践经验。实践机会可以提供给教师参与项目研究、实训活动等,让教师能够将所学知识应用到实际教学中。可以参考中职教师的专业标准,制定适合高职院校专业课教师的教学能力标准。这些标准可以从专业理念与师德、专业知识、专业能力等方面进行规范,帮助教师树立正确的职业态度,提升教学水平。教师的信息化教学能力是适应社会发展需求的重要能力之一。学校可以通过培训、指导和实践机会等方式来提高教师的能力,并参考相关标准规范教师的教学能力,从而更好地为学生的职业发展提供支持。

(2)结合教师发展轨迹的能力体系

ICT-CFT 标准是指导教师信息化教学能力发展的工具,通过这一标准,教师可以清晰地了解自己在不同阶段应具备的能力目标,并有针对性地进行培训和提升,帮助教师逐步提高自己的技术素养,从最初的技术概念的理解与意识培养开始,逐渐深入到技术应用和课程整合的阶段,最终达到能够深化和创造知识的水平。

教师的信息化教学能力的发展确实是一个动态的过程,需要不断地学习和更新知识。ICT-CFT标准提供了一个系统化的知识体系,可以指导教师在不同阶段进行能力的提升。此外,还可以借鉴中职教师的专业标准,结合高职院校专业课教师的特点,制定适合高职院校专业课教师的教学能力标准。这样可以更加贴近实际需求,帮助教师树立正确的职业态度,提升教学水平。

教师信息化教学能力的培养是一个动态的过程,需要不断地学习和提升。通过使用ICT-CFT标准和制定适合高职院校专业课教师的教学能力标准,帮助教师全面提升自己的信息化教学能力,为学生的职业发展提供更好的支持。

(3)强调整合技术的学科教学法知识

整合技术的学科教学法知识(Technological Pedagogical Content Knowledge,TPACK)强调了教师在整合技术时要考虑到学科教学的特点和需求,将技术知识、学科知识和教学法知识有机地结合起来,以提高教学的效果和学生的学习成果。在信息化教学能力培养中,教师需要掌握并灵活运用各种信息技术工具和软件,将其应用于具体学科的教学过程中,以提升学生的学习动力和学习效果。同时,教师还需要了解学科的核心内容和教学目标,掌握相应的教学方法和策略,将信息技术与学科内容有机结合,创设情境和任务,激发学生的学习兴趣和能动性。综合运用技术知识、学科知识和教学法知识,教师才能有效地开展信息化教学,提升学生的学习效果和综合能力。

三、教师信息化教学能力标准之间的异同比较

由于标准是在不同背景下研制的,因而所显现的特点有异,这些差异与教师信息化教学能力要素特征密切相关。基于上文综述的教师信息化教学能力国外视野和国内的经验,对相关标准与框架进行了数量统计处理,并尝试对标准维度

的具体内容、要素特点和应用范围作比较分析,得出教师信息化教学能力框架的共性要素和个性要素。本研究同时分析借鉴这些典型标准并初步构思出教师信息化教学能力的结构。

(一)教师信息化教学能力标准之间的不同点

通过对标准的解读和统计分析情况,可以发现国内外标准在研制背景、研制目的、框架内容上所存在的差异情况。其中不同国家与不同机构间因其本身存在的差异,所研制的标准背景具有不同的特点。"标准"研制背景的变化也使得在研制目的上存在些许差异,体现在标准所面向的对象群体是有变化的,但标准仍是阐述发展教师自身专业方面所需补足的各项能力。同时,标准的整体内容框架设计上也有差异。同一机构不同时期发布的标准内容,虽其核心都是要求教师转变为善用信息技术支持教学的教育者,但其能力框架也会因背景的不同有变化,如 ISTE 的 4 个版本标准。面向的对象群体也有所不同,如国内发布的2004 年版和2014 年版的 2 个标准都是面向中小学一线教师,国外的标准却将关注点转移到职前教师群体。国内标准的关注内容有变化,如国内 2004 年版标准作为能力提升工程 1.0 项目实施的基础,内容上以教育信息化的设备建设为主,重在对中小学教师信息化教学能力方面的基础类培训;国内 2014 年版标准研制的大背景是教育信息化 2.0,标准首先体现出其针对对象范围的扩充,重视校长、教师和培训团队三类对象的信息化实践能力提升,该标准成为信息化领导能力、信息化教学能力、信息化指导能力提升的参照系,尤为强调教师在具体教学情境下信息化教学能力提升,这也是本研究实证调查部分的研究意义所在。

(二)教师信息化教学能力标准之间的相似点

标准之间有着不同的研制背景、研制目的和内容框架,但也有部分相似或重叠的能力关注点或维度。教师信息化教学能力标准化意味着教师教学的专业化程度也在迭代发展,本研究选取了不同国家较为典型的能力标准,从能力的框架或模型要素进行提取分析。采用 Excel 工具提取和比较分析了有关教师信息化教学能力共同关注能力指标,与本研究构思的教师信息化教学能力的测评结构维度进行对应。通过能力结构内容的比较分析得出:各项标准中最为关注的维度有意识态度、资源整合、教学设计3个层面的能力,还有其他标准关注教师对学生数字能力、沟通协作、创新素养的培养能力,进一步形成了较为明晰的信息化教学能力的结构构成。

第三节　信息技术能力发展存在的问题及原因分析

在全媒体时代,新兴媒体如短视频、微电影等已经成为高等教育中不可忽视的重要教育载体。这些新兴媒体具有形象直观、生动活泼、易于传播等特点,能够更好地激发学生的学习兴趣和参与度。教师需要具备信息技术运用能力,能够灵活运用这些新媒体工具,创造多样化的教学资源和教学环境,以提升教学效果。

在全媒体环境下,高等教育应该是全方位、宽领域、与时俱进的。教师需要关注和熟悉不同领域的新兴媒体应用,掌握其特点和使用方法,并将其运用到教学中。例如,可以通过制作短视频来解释抽象概念,通过微电影来展现实际案例,通过互动式教学软件来提供个性化学习体验等。教师还应积极参与新媒体教学资源的开发和共享,与同行进行交流和合作,不断更新自己的教学内容和方法,以适应全媒体时代的高等教育需求。同时,全媒体时代的高等教育也需要教师在信息技术运用能力的基础上,注重教育理念和教学设计的创新。教师需要思考如何将新媒体与学科知识、教学目标和学生需求相结合,打破传统的教学模式,创造更加开放、互动、合作的教学环境,培养学生的创新思维和实践能力。只有全面融合信息技术与教育理念,才能实现高等教育的全方位发展。当前我国高职院校专业课教师信息技术能力距离上述标准还具有相当的差距,具体表现如下。

①高职院校专业课教师对信息化教学的认知不足。有些教师可能由于教师对信息技术的认知和应用还停留在表面,没有深入了解和掌握其更广泛的应用方法,缺乏相关的培训和指导。简单地将信息技术作为教学工具的替代品,没有意识到信息技术可以创造出更多样化的教学情境和教学模式,对信息技术的应用仅限于使用 PPT 来呈现教学内容,而未充分利用新媒体技术来创造更多样化的教学情境和教学模式。另外,一些教师习惯于传统的教学观念和授课方式,未及时跟上信息技术的发展和教育教学的变革。他们可能没有意识到教学应该以学生为主体,因材施教,而是仍然沿用相同的教学内容和方法,无法满足学生的个性化需求。

②高职院校专业课教师信息化教学水平与创新研究不足。一是教师在开展教学工作的过程中,信息化教学水平出现严重不足的现象。调查发现,对于年轻教师来说,在信息化教学方面的优势主要体现在对信息技术的熟练应用和较强的接受能力上。他们更容易掌握新的教学软件和工具,并能够快速适应和应用到教学实践中。此外,年轻教师通常具有创新思维和开放的教学观念,更愿意尝试新的教学方法和技术,以提高教学效果。然而,年轻教师在信息化教学中也面临一些挑战。首先,他们可能缺乏教学经验和专业知识,导致在教学过程中难以合理运用信息化技术。其次,他们可能过于依赖信息化技术,导致教学变得机械化和缺乏人文关怀。此外,他们也需要学习如何有效地利用信息化教学资源和平台,以提升教学效果。相比之下,老教师在信息化教学方面可能存在一定的困难和抵触心理。他们可能缺乏计算机操作和应用的能力,需要花费更多的时间和精力来学习和适应新的教学技术。此外,他们也可能对信息化教学的效果持怀疑态度,认为传统教学方法更有效。然而,随着信息化技术的不断发展和应用,老教师也应该积极主动地提升自己的信息化教学能力,以跟上时代的步伐。

二是在当前教育信息化 2.0 阶段,高职院校专业课教师的信息化教学能力还有待提高。部分高职院校可能还没有建立统一的信息资源共享平台,限制了教师获取和利用优质的教学资源。同时,教师对于信息化教学方法的创新和研究还有一定的欠缺。高职院校可以采取一些措施:首先,学校可以积极引进和培养信息化教学专家和骨干教师,提高教师的信息化教学能力。其次,学校可以建立统一的信息资源共享平台,为教师提供更多的教学资源和工具。再次,学校可以鼓励教师进行信息化教学方法的创新和研究,并提供相应的支持和机会。同时,教师个人也应该主动提升自己的信息化教学能力,可以参加相关的培训和研讨会,学习和了解最新的信息化教学方法和工具,积极参与教学实践,不断尝试和探索适合自己的信息化教学方式。

三是部分教师网络话语表达的创新性不足。对于高职院校专业课教师来说,网络话语表达的创新性确实是一个需要关注和改进的问题。作为信息时代的原住民,大学生在网络上获取信息的能力很强,但是他们对信息的鉴别能力相对较弱,容易被错误信息所误导,从而产生思想上的困惑。因此,教师有责任指导学生正确应对各种网络思潮和网络言论。同时,部分教师在网络意识形态斗争中存在一些问题。他们虽然有心参与其中,但却不善于用学术语言和道理去应对,更多地陷入自己的话语体系中,无法有效地将自身的影响力从学术圈辐射至网络圈。

③**高职院校专业课教师信息化教学实践应用能力不足。**信息化教学不能简单地将设备和软件引入教室,而是需要将信息技术与教学实践有机结合,对教学过程进行重新设计和改进。教师在信息化教学中的角色也发生了变化,不再是传统的知识传授者,而是要成为学生的引导者和学习的促进者。

为提高高职院校专业课教师的信息化教学能力,学校可以提供相关的培训和指导。教师需要学习信息技术的专业知识,了解不同的教学软件和工具,掌握其应用技巧。同时,还需要培养教师的教学设计能力,激发他们的创新思维,促使他们能够根据课程特点和学生需求,灵活运用信息技术进行教学。学校还可以提供实践机会,让教师参与到实际的信息化教学活动中。通过实践,教师可以更好地理解信息技术在教学中的应用,掌握如何与学生进行互动和合作,提高教学和实训的质量。另外,可以参考中职教师的专业标准,制定适合高职院校专业课教师的教学能力标准。这样可以规范教师的教学行为,帮助他们树立正确的职业态度,提升教学水平,为学生的职业发展提供更好的支持。

第四节　信息技术能力结构体系及优化路径

教师的信息化教学能力发展是一个动态的过程,不同的学者和研究者都提出了不同的发展阶段和构成要素。这些观点均提供了一定的参考和指导,帮助教师更好地发展自己的信息化教学能力。其中,王卫军[41]提出了教师信息化教学能力有关注应用期、学习模仿期、迁移融合期、智慧创造期四个阶段。这些阶段反映了教师在信息化教学能力发展过程中的不同阶段和特点。解月光等[42]则从能力的角度对职业院校教师的信息化专业能力进行了界定,包括教学能力、职业能力、职业生涯辅导能力、自我完善与发展能力和社会交往与合作能力等五个构成要素,并且根据这些构成要素,提出了职教教师信息化专业能力的发展阶段:了解、应用、整合、重塑、创新。其他学者也从不同的角度和层面对教师信息化教学能力的发展进行了研究和探讨,提出了各自的观点和建议。

对于高职院校专业课教师的信息化教学能力发展,可以参考以上学者的观点和研究成果,结合高职院校专业课教师的特点和需求,制定相应的培训计划和发展路径,通过岗前集中培训、自主学习和发展、校本培训、教学反思等方式来提高教师的信息化教学能力。此外,学校还可以参考中职教师的专业标准,制定适合高职院校专业课教师的教学能力标准,从专业理念与师德、专业知识、专业能力等方面进行规范。这样可以帮助教师树立正确的职业态度,提升教学水平,为学生的职业发展提供更好的支持。

(一)更新信息化教学基本理念

信息化教学的目标不仅仅是让学生掌握信息技术的知识和操作技能,更重要的是培养学生的综合能力和创新意识。通过信息化教学,学生可以主动参与学习,开展合作学习,培养解决问题的能力和创新思维,这对他们的终身发展非常重要。

对于高职院校专业课教师来说,信息化教学能力的提升也非常关键。教师需要掌握信息技术的专业知识,能够将其应用于教学和实训活动中,提高教学和实训的质量。此外,教师还需要具备组织实训实习的能力,能够有效地利用信息技术来指导学生的实践活动。为提高教师的信息化教学能力,学校可以通过培训、指导和提供实践机会等方式来帮助教师提升自己的信息化教学能力。同时,可以参考中职教师的专业标准,制定适合高职院校专业课教师的教学能力标准,从专业理念与师德、专业知识、专业能力等方面进行规范。这样可以帮助教师树立正确的职业态度,提升教学水平,为学生的职业发展提供更好的支持。

(二)构建良好信息化教学环境

高职院校需要加强信息化教学基础设施建设和优化信息化教学环境。建设和完善各种信息化教学平台可以为教师和学生提供更好的教学工具和学习环境,促进信息技术与职业教育的有机结合。

认知平台、交流平台、问题解决与决策平台、效能平台和评测平台的建设,可以提供多样化的学习和教学方式,满足不同学生的学习需求,培养学生的综合能力和创新思维。通过这些平台,学生可以进行虚拟实验、专家系统等认知活动,进行师生、学生之间的实时和非实时交流,使用数据库工具、在线答疑系统等解决问题和做决策,提高学习效率和学习成果,并进行自主测验、挑战和游戏性评测,全面评价学生的学习情况。同时,高职院校可以通过开展教师信息化教学竞赛和教学实践经验交流活动,促进教师之间的互相学习和分享,及时总结和解决信息化教学中的难点问题,提高教师的信息化教学能力。这样可以帮助教师更好地应用信息技术于教学和实训活动中,提高教学和实训的质量,为学生的职业发展提供更好的支持。

(三)完善信息化教学培训体系

学校层面,积极开展信息技术培训。高职院校应该积极更新教学硬件设施,并提供丰富的教学资料,为教师的信息技术能力提供良好的支持。此外,根据高职院校的课程特点,有针对性、有步骤、有重点地开展相关技能培训也是非常重要的。通过定期开展信息化教学设计竞赛等活动,鼓励教师共享资源并进行实践锻炼,可以有效提升教师的信息化教学能力。同时,鼓励教师与专家进行对话交流,分享自身的信息化教学能力发展经验,也是非常有益的。通过这些举措,学校可以提高教师的信息化教学能力,为学生提供更好的教育支持。此外,探索和开发网络培训模式,赋予教师自主选择和安排培训时间和内容的权利,也是非常重要的。互联网可以为教师和培训组织者提供信息交流和反馈的平台,提高培训的有效性。总体而言,高职院校应积极开展信息技术培训,以提升教师的信息化教学能力。

教师层面,主动学习并充分运用各类新媒体技术。对于高职院校专业课教师来说,需要立足于全媒体时代的发展,加强对新兴媒体技术的学习和了解。掌握新兴媒体技术的基本操作,并积极运用于专业课教学中,能够创造出全新的教学情境和教学模式,提高课堂教学的效果。在信息化教学中,教师也要重视不同教学载体之间的深度融合。利用信息化融合的机会,将不同教学载体内部的优势相互结合,从而构建一个更加综合和有影响力的信息传播系统。这样可以提升教师对各类教学载体的运用能力,提高教学的质量和效果。因此,高职院校专业课教师应当紧跟时代步伐,加强对新兴媒体技术的学习和运用,探索将信息技术融入专业课教学的可能性,创造出全新的教学模式。同时,也要注重不同教学载体之间的深度融合,构建更加综合和有影响力的信息传播系统,提高信息化教学的效果。

参考文献

[1] 赵明安.关于高等职业院校战略定位若干问题的思考[J].武汉船舶职业技术学院学报,2011,10(6):1-4.

[2] 姜大源.高等职业教育的定位[J].武汉职业技术学院学报,2008,7(2):5-8,11.

[3] 蒋冠周.基于顾客让渡价值的C学院就业指导工作优化研究[D].广州:广东工业大学,2013.

[4] 邹宁,罗淑云.浅谈高职院校职能的正确定位[J].教育与职业,2013(6):35-36.

[5] 中华人民共和国教育部.2022年全国教育事业发展统计公报[EB/OL].(2023-07-05)[2024-01-10].http://www.moe.gov.cn/jyb_sjzl/sjzl_fztjgb/202307/t20230705_1067278.html.

[6] 尹蕾.高职院校专业课教师职业能力发展的现状探究[J].大学(研究与管理),2021(5):145-148.

[7] 钟颖斯.提升初中体育课堂教学效果的实验探索[C]//十三五规划科研成果汇编(第三卷).十三五规划科研管理办公室,2018:387-390.

[8] 蔡蕾.研究型大学多元化教师分类评价机制改革探析[J].浙江社会科学,2016(10):145-150,160.

[9] 龙鸥.国外职业教育发展对我国职业教育改革之借鉴[J].职业教育研究,2011(8):176-177.

[10] 蔡戈.开放大学"双师型"教师队伍建设的必然与实然[J].江苏教育研究,

2013(12):11-13.

[11] 尤芳舟.新时代高校专业教师的育人能力建设[J].现代教育管理,2021(3):60-67.

[12] 蔡志良.培养道德能力:当代大学生思想政治教育的重要内容[J].中国高教研究,2005(12):65-66.

[13] 习近平出席全国教育大会并发表重要讲话[EB/OL].(2018-09-10)[2024-01-21].https://www.gov.cn/xinwen/2018-09/10/content_5320835.htm.

[14] 乘势而上 狠抓落实 加快建设高质量教育体系——在2021年全国教育工作会议上的讲话[EB/OL].(2021-01-07)[2024-01-21].http://www.moe.gov.cn/jyb_xwfb/moe_176/202102/t20210203_512420.html.

[15] 董奇.育人能力是教师教育教学能力的核心[J].中国教育学刊,2017(1):3.

[16] 新工科建设指南("北京指南")[J].高等工程教育研究,2017(4):20-21.

[17] 潘梅森,聂方彦,熊佳慧,等.新工科视阈下高校教师核心素养:内涵、现实困境和提升路径[J].高教学刊,2021,7(30):160-163.

[18] 中华人民共和国教育部.教育部关于印发《高等学校课程思政建设指导纲要》的通知[EB/OL].(2020-05-28)[2023-12-01].http://www.moe.gov.cn/srcsite/A08/s7056/202006/t20200603_462437.html?ivk_sa=1024320u.

[19] 赵鸣歧.高校专业类课程推进"课程思政"建设的基本原则、任务与标准[J].思想政治课研究,2018(5):86-90.

[20] 赵继伟."课程思政":涵义、理念、问题与对策[J].湖北经济学院学报,2019,17(2):114-119.

[21] 张锦庭.校本研修的聚集点——课堂教学[J].广东教育(教研版),2006(6):38.

[22] 叶澜.让课堂焕发出生命活力——论中小学教学改革的深化[J].教育研究,1997,18(9):3-8.

[23] 中国小学教学百科全书总编辑委员会教育卷编辑委员会.中国小学教学百

科全书:教育卷[M].沈阳:沈阳出版社,1993.

[24] 余承海,姚本先.论高校教师的教学能力结构及其优化[J].高等农业教育, 2005(12):53-56.

[25] 潘懋元.高等学校教学原理与方法[M].北京:人民教育出版社,1995:190.

[26] 岳夕茜.论高校教师教学能力的基础[J].教育与职业,2011(17):65-66.

[27] 陶宇,任聪敏.高职教师教学能力发展的路径和策略研究[J].高等教育研究,2015,36(11):50-54.

[28] 孙德伟,林玉桓,雷艳玲.“双高计划”下高职教师能力建设的问题与对策[J].教育与职业,2022(1):75-80.

[29] 史枫,白斌.职业教育教师队伍能力发展中的问题与影响因素分析[J].教育与职业,2010(17):22-24.

[30] 谢海琼,杨建国.论高职教师的分类分层管理[J].高等职业教育(天津职业大学学报),2010,19(3):77-79,90.

[31] 谢西金.高职教育教师岗位分类管理及其激励与约束机制研究[J].职教论坛,2017,33(22):49-52.

[32] 姬中英,王亚男,胡惟璇.基于“双库双岗双考核”模式的职业学校兼职教师队伍建设研究[J].武汉交通职业学院学报,2023,25(4):80-82,91.

[33] 何静,代晓容.高职院校师资队伍分类分层管理与建设机制研究[J].职教论坛,2018,34(10):72-77.

[34] 竺志奇.“双高”建设视角下的民航专业教师教学能力提升策略研究[J].民航学报,2022,6(S1):96-98,136.

[35] 刘刚.大学教师教学学术核心能力及提升策略研究[D].徐州:中国矿业大学,2021.

[36] 陈丽,李芒,陈青.论网络时代教师新的能力结构[J].中国电化教育,2004(195):65-68.

[37] 王卫军.信息化教学能力:挑战信息化社会的教师[J].现代远距离教育,2012(2):45-53.

[38] 刘喆,尹睿.教师信息化教学能力的内涵与提升路径[J].中国教育学刊,2014(10):31-36.

[39] 马若明.乡村教师信息化教学能力发展的研究[D].兰州:西北师范大学,2005.

[40] 李娟,张家铭.甘肃省农村中小学教师信息化教学能力发展策略研究[J].电化教育研究,2011,32(7):107-111.

[41] 王卫军.教师信息化教学能力发展研究[D].兰州:西北师范大学,2009.

[42] 解月光.信息技术(科技)课程的价值与时代发展[J].上海教育,2022(36):22.